"十三五"国家重点出版物出版规划项目
物流与供应链前沿译丛（第二辑）

Supply Chain Finance

供应链金融

Integrating Operations and Finance in Global Supply Chains

整合全球供应链的运营与金融

［德］赵立马（Lima Zhao）

［德］阿德·胡赫策迈尔（Arnd Huchzermeier） 著

刘浩华　译

中国财富出版社有限公司

图书在版编目（CIP）数据

供应链金融：整合全球供应链的运营与金融 /（德）赵立马（Lima Zhao），（德）阿德·胡赫策迈尔（Arnd Huchzermeier）著；刘浩华译．—北京：中国财富出版社有限公司，2024.7

（物流与供应链前沿译丛；第二辑）

书名原文：Supply Chain Finance: Integrating Operations and Finance in Global Supply Chains

"十三五"国家重点出版物出版规划项目

ISBN 978-7-5047-7346-3

Ⅰ．①供…　Ⅱ．①赵…　②阿…　③刘…　Ⅲ．①供应链管理—金融业务—研究　Ⅳ．① F252.2

中国版本图书馆 CIP 数据核字（2021）第 085279 号

著作权合同登记号　图字：01-2020-7464

First published in English under the title

Supply Chain Finance: Integrating Operations and Finance in Global Supply Chains

by Lima Zhao and Arnd Huchzermeier

Copyright © Springer International Publishing AG, part of Springer Nature, 2018

This edition has been translated and published under licence from

Springer Nature Switzerland AG.

策划编辑	郑欣怡	责任编辑	王　靖	版权编辑	刘　斐
责任印制	尚立业	责任校对	杨小静	责任发行	敬　东

出版发行	中国财富出版社有限公司				
社　　址	北京市丰台区南四环西路 188 号 5 区 20 楼		邮政编码	100070	
电　　话	010-52227588 转 2098（发行部）		010-52227588 转 321（总编室）		
	010-52227566（24 小时读者服务）		010-52227588 转 305（质检部）		
网　　址	http://www.cfpress.com.cn	排　　版	宝蕾元		
经　　销	新华书店	印　　刷	北京九州迅驰传媒文化有限公司		
书　　号	ISBN 978-7-5047-7346-3/F·3543				
开　　本	710mm×1000mm　1/16	版　　次	2024 年 7 月第 1 版		
印　　张	11.5	印　　次	2024 年 7 月第 1 次印刷		
字　　数	206 千字	定　　价	88.00 元		

名家推荐

"本书对企业管理中运营与金融之间的相互作用以及管理者在认识到这些影响时如何作出最佳决策进行了全面描述。全球管理者和研究人员都可以为进一步的研究找到有价值的见解和方向。"

——John R. Birge，美国芝加哥大学布斯商学院运营管理杰出服务教授

"供应链金融是一个新兴的领域，领域的创新正在发生，具有巨大的价值，帮助供应链中信息流和物流更好地发展。本书为一个令人振奋的领域提供了框架，以及将这些创新和研究机会介绍给了学者和从业者，是一个巨大的贡献。"

——Hau L. Lee（李效良），美国斯坦福大学商学院讲席教授

"本书清晰概述了供应链金融领域及其最新进展。学生、从业者和学者都可以学习到作者在本书中提供的丰富知识。"

——Jan A. Van Mieghem，美国西北大学凯洛格管理学院杰出教授

"本书对于在寻找通过一和科学严谨的教学方法来学习供应链金融知识的高年级学生和从业者来说是不可或缺的。"

——Ralf W. Seifert，瑞士 IMD 商学院运营管理教授，洛桑联邦理工学院（EPFL）技术与运营管理讲席教授

"本书为整合风险管理提供了框架，并从供应链的角度介绍了风险管理的创新方法。本书提升了我们对运营与金融交叉学科的认知程度，并为供应链中的有效风险管理提供了管理指导。"

——赵先德，中国中欧国际工商学院（CEIBS）运营及供应链管理教授

序　言

　　运营与金融是一枚硬币的两面。运营管理的目标是使物流的供需相匹配，而公司金融力求使资金流的供需相匹配。运营管理是金融绩效的支柱，企业金融支持着对运营的实体投资。运营与金融的整合将造就企业的可持续竞争优势。一方面，运营上的实体投资可以将资金转化为物质产品，以满足客户的需求；另一方面，收入管理将产品需求转化为现金流，实现运营效益。因此，公司可以跨越企业内部职能部门和供应链合作伙伴共同优化运营与金融。在过去的几十年里，包括供应链金融在内的运营与金融互动越来越受到业界的关注。运营与金融交叉学科的研究因其在价值创造和风险管理方面的有效性和重要性而备受关注。

　　本书的结构组织如下。第 1 章介绍了运营与金融交叉学科的概念和整合风险管理的框架。第 2 章论述了资本结构与金融风险管理之间的联系。第 3 章介绍了供应链风险管理中运营对冲的概念和技术。第 4 章和第 5 章分别对整合风险管理的概念框架和分析模型进行了综合分析。第 6 章主要讨论供应链金融的概念框架和应用。第 7 章提供了一个风格化的供应链装运前融资模型。第 8 章总结了运营与金融互动的现状，并通过文献计量分析进行了广泛的调查研究，提出了未来探索的方向。本书旨在提供运营与金融交叉学科（包括供应链金融）的基础知识和导航，主要面向研究生、高年级本科生和对全球供应链运营管理与企业金融相互作用感兴趣的业内人士。本书在提供教程、理论、模型等素材的同时，还提供了案例和算例。

赵立马和阿德·胡赫策迈尔于德国瓦伦达尔

作译者简介

赵立马（Lima Zhao），斯德哥尔摩大学终身制副教授，德国 WHU 奥托贝森商学院供应链管理学博士。曾任麻省理工学院运输与物流中心研究员，美国西北大学凯洛格商学院访问学者。在国际顶级和权威期刊 *POM*、*EJOR*、*Omega*、*AOR*、*CFO* 等发表多篇论文。

阿德·胡赫策迈尔（Arne Huchzermeier），德国 WHU 奥托贝森商学院生产管理系讲席教授，美国宾夕法尼亚大学沃顿商学院博士。出版了多部学术专著，在国际顶级和权威期刊 *Management Science*、*OR*、*POM*、*MSOM*、*Marketing Science*、*HBR* 等发表多篇论文。现任 *POM* 高级编辑。

刘浩华，江西财经大学工商管理学院物流管理专业教授，博士，博士生导师，中国物流学会常务理事，内蒙古大学客座教授，研究领域涉及供应链金融与风险管理等。

目　录

1　运营与金融交叉学科概述 ·················· 1

1.1　一个闭环视角 ·················· 1

1.2　整合风险管理：一个框架 ·················· 4

1.3　风险识别及其依赖性 ·················· 5

1.4　明确整合条件：何时整合或不整合 ·················· 7

1.5　选择运营对冲和金融灵活性 ·················· 12

1.6　优化整合运营与金融：互补或替代 ·················· 12

2　资本结构和金融风险管理 ·················· 16

2.1　方式选择：集中还是离散 ·················· 16

2.2　链接关系分析与方式选择 ·················· 18

2.3　金融工具的分类 ·················· 20

2.4　企业投资与金融风险管理之间的联系 ·················· 25

3　供应链风险管理 ·················· 30

3.1　供应链风险管理的概念框架 ·················· 30

3.2　运营灵活性的分类 ·················· 31

3.3　离散的供应风险管理 ·················· 37

4　跨国公司整合风险管理 ·················· 43

4.1　整合风险管理：概念和框架 ·················· 43

4.2　整合风险管理：目标和指标 ·················· 45

4.3　整合风险管理：跨国公司的战略规划 ·················· 47

4.4　整合运营与金融对冲 ·················· 53

5 整合风险管理与产能回流 ·· 57

5.1 金融运营灵活性与金融对冲 ·································· 57

5.2 全球生产与产能回流、转换期权和金融对冲 ·········· 59

5.3 运营与金融间的相互作用 ·································· 69

5.4 算例 ·· 75

5.5 整合对冲与产能回流 ·· 78

6 供应链金融 ··· 80

6.1 供应链金融的概念框架 ····································· 80

6.2 供应链金融工具 ··· 84

6.3 供应链中的营运资金管理 ·································· 86

6.4 供应链金融的新兴研究 ····································· 88

7 用装运前融资工具管理供应商金融风险 ················ 93

7.1 贸易融资工具 ·· 93

7.2 具有 APD 和 BPOF 的供应链 ··························· 94

7.3 用 APD 或 BPOF 进行融资 ······························ 101

7.4 APD 与 BPOF 的相互作用 ······························· 106

7.5 算例 ·· 108

7.6 供应链中的装运前融资 ····································· 111

8 运营与金融交叉学科研究综述 ···························· 113

8.1 运营与金融交叉学科 ······································· 113

8.2 研究方法 ·· 115

8.3 识别受欢迎和权威的论文 ·································· 116

8.4 运营与金融交叉学科研究的演化 ························ 119

8.5 结论与未来研究 ··· 138

参考资料 ··· 140

1 运营与金融交叉学科概述

本章介绍了"运营与金融交叉学科"（OFI，Operations – Finance Interface）的概念和整合风险管理框架。首先，我们通过物流、资金流和信息流的循环，引入资源"闭环"视角。其次，我们综合考虑了 OFI 的各种定义以确保一致性。在此基础上提出了一个 OFI 多维整合的风险管理框架，从十个方面进行研究，以明确企业整合运营与金融的条件。最后，确定了运营与金融关系分析的决策标准（互补或替代）。

1.1 一个闭环视角

运营与金融是一枚硬币的两面。运营管理是金融绩效的支柱，企业金融支持着对运营的实体投资。对运营与金融关系的探索始于 Modigliani 和 Miller（1958）提出的定理，该定理阐述了完善资本市场中运营与金融的"分离性"。根据该定理，金融对冲只有通过降低税收、契约成本或影响经营中的实体投资，才能提高企业价值（Smith 和 Stulz，1985）。此外，可通过运营风险的金融对冲来创造价值（Gaur 和 Seshadri，2005）。

本章将介绍一个闭环视角以突出物流、资金流和信息流循环中的 OFI。这三种类型的资源流可以称为 3B（Boxes、Bucks、Bytes），即箱子、美元、字节。

运营管理将物流的供需相匹配以优化利润（Cachon 和 Terwiesch，2013）。与此同时，公司财务能够更好地协调资金流的供需，为增值投资提供资金（Froot 等，1993）。另外，对信息流的管理可以改善物流与资金流的供需匹配。这两个供需匹配过程可通过真实的投资和收益管理，用一个"闭环"连接起来。运营（如基础设施、人力资源、技术、研发、采购、营销、销售和服务）中的实体投资可以将资本转化为物质以满足客户的需求，从而增强企业的战略定位；收益管理将产品需求转化为现金流以实现运营效率（Porter，1985；1996）。在实践中，各种不确定性的来源可能会导致这种闭环中的供需脱节。为了形成一个"良性"的运营与金融循环，企业可以采用运营对冲和金融灵活性来满足供需匹配关系。换句话说，为了在核心竞争力上获得可持续的竞争优势，企业将运营与金融纳入风险管理中，从而促进闭环的"新陈代谢"。

几个相关的概念在整合运营与金融风险管理的范围内共存。OFI 的研究工作包括说明在何种条件下，企业内部和企业之间这两项职能整合更紧密，可以创造更高的价值，同时也为企业风险管理提供了知识和工具（Birge 等，2007），或在网络环境中整合运营与金融以确保盈利（Kleindorfer，2012）。在本书中，我们将 OFI 定义为通过联合优化企业内部和外部的物流和资金流来管理运营与金融风险的研究和实践。

作为 OFI 的一个重要组成部分，供应链金融是企业之间融资的优化以及融资流程与客户、供应商和服务提供商的整合，以增加所有参与企业的价值（Pfohl 和 Gomm，2009），或金融工具、实践和技术的运用，以优化营运资本的管理、流动性及合作伙伴的供应链风险（EBA，2014）。因此，OFI 要分析在一个企业内部或供应链中多个企业之间运营与金融的联合优化，而供应链金融侧重于通过供应链中运营与金融伙伴的协作来管理财务流程。

运营灵活性通常根据不确定性的实现来调整活动网络中物流的类型、时间和数量。运营对冲的定义是全球供应链环境下企业应对需求、价格和汇率的意外事件时所运用的实物（复合）期权（Huchzermeier，1991）。这里，实物期权包括延迟、扩张、收缩、放弃或在有效运营周期内的不同阶段改变一个项目的能力（Trigeorgis，1993）。运营对冲的另一个定义是通过不涉及金融工具的流程网络中的平衡活动来缓解风险，可能包括各种类型的流程灵活性（Van Mieghem，2003）。本书中，我们交替使用运营对冲和运营灵活性这两个术语。

相比之下，金融灵活性被定义为公司以低成本获得和重组其融资的能力（Gamba 和 Triantis，2008）。金融灵活性可以通过各种金融工具将资金流从自发状态跨越时间、市场和组织转移到绑定方[①]。金融工具是"产生一个实体的

---

① 绑定方（binding position）是指与本企业有业务关系，特别是长期业务关系的企业，如大型买方的供应商——译者注。

金融资产和另一个实体的金融负债或权益工具的合同"（IFRS，2012）。金融灵活性也包含实现现金流共需匹配的资本重组以及应对现金流波动性的金融对冲，这里的金融对冲是指在金融衍生工具中运用平衡头寸的对冲（Van Mieghem，2003），而金融衍生品是一种工具，其价值取决于或来自另一资产的价值（Hull，2012）。

OFI 的闭环视角可以从两个角度来解释。一是跨越企业的运营与金融部门的资源流；二是跨越供应链运营与金融伙伴间的资源流。前一种观点将产生企业风险管理（ERM）或产生持续积极进行的流程，即在企业各部门间采用整体方法应对所有不确定性，这可能正面或负面影响企业的主要目标及实现，以更好地实现企业鲁棒性和灵活性、风险的有效承担和风险回报的适当平衡（ICE/ FIA，2009）。而后一种观点产生了供应链风险管理（SCRM），即"通过供应链伙伴之间的协调或协作来管理供应链风险，以确保盈利能力和持续性"（Tang，2006）。一个紧密相关的概念——整合风险管理，被定义为利用金融、决策理论、运筹学和供应链管理来管理复杂、高度交互和多样化的全球供应链风险的多学科方法（Kouvelis 等，2013）。在本书中，我们将整合风险管理定义为"对企业中跨职能部门和跨供应链伙伴的运营与金融风险管理进行的联合分析、整合和优化"。这里的"整合"包括三方面内容：一是运营与金融风险的联合识别、分析；二是运营管理与企业金融的综合（Meulbroek，2002）；三是基于价值的管理（灵活性/增长）和风险管理（对冲/缓解）的统一。

一般来说，整合风险管理属于一个公司的首席执行官和首席财务官的责任范围（Buehler 等，2008）。然而，《供应链管理世界》调查（Lee 等，2012）的结果表明，企业设立的首席供应链官（CSCO）职位已成为企业风险管理不可或缺的一部分。这可能导致 C 级（即首席执行官、首席财务官和首席供应链官）三方互动，进行整体运营与金融优化，从而增强企业的竞争优势。

在过去的 20 年里，越来越多的学者关注 OFI。Birge 等人提出了企业应整合企业内部和跨供应链的运营与金融两种职能以创造更高价值的条件，从而分别形成企业风险管理和供应链风险管理，并提出了在复杂风险暴露下联合优化运营对冲和金融灵活性的方法（Birge 等，2007）。

本章旨在通过解决以下问题对 OFI 进行概述。

（1）公司何时应采用运营与金融风险管理？

（2）在整合运营对冲和金融灵活性时，应采取哪些步骤？

（3）如何确定运营与金融是互补关系还是替代关系？

第一，我们通过物流、资金流和信息流的循环，引入资源"闭环"观；第二，综合了 OFI 的各种定义，以确保一致性；第三，提出了 OFI 多维整合的风险管理框架；第四，研究十个方面的问题，以明确企业整合运营与金融的条件；第五，研究运营与金融关系分析的决策标准（互补或替代）。

1.2　整合风险管理：一个框架

为了方便学术研究人员和行业从业人员，我们提供了一个基于 ISO 31000 通用方法为企业量身定做的整合风险管理框架。整合风险管理的输入包括风险管理目标的明确定义，其中可以使用各种绩效衡量指标，例如，销售有机增长率、调整后的息税前利润（EBIT）、调整后的每股收益（EPS）增长。为此，我们将收集风险数据并根据企业和供应链环境不断更新风险信息。整合风险管理包括七个步骤。第一步识别风险及其相互依赖性；第二步明确整合条件；第三步选择运营对冲和金融灵活性；第四步通过关系分析进行整合优化（互补/替代），我们将在后面章节中详细阐述第一步到第四步；第五步实施，目标是将整合风险管理框架连接到企业的战略、战术和运营中；第六步监控和审核，规定并测度公司、业务部门和职能层的整合风险管理职责和绩效指标；第七步持续改进。在研究中采用自上而下和自下而上迭代的方法，通过"验证""修改""确认"来确保风险管理步骤的一致性和有效性。"验证"调整已实现的风险管理流程，以确保与预定目标的一致；针对后续步骤的反馈，"修改"强化前面的风险管理步骤；"确认"是要确保那些针对输入要素变化的风险管理步骤的有效性。以上三个步骤将整合风险管理的七个步骤作为"瀑布"模型与持续改善联系起来。整合风险管理的目标产出包括公司竞争优势的增强，体现在核心竞争力、运营与金融之间的协调以及建立的风险管理基准上。

1.3　风险识别及其依赖性

风险识别的目的是筛选、分类和记录各种不确定性的来源。风险可以定义为组织中可能发生的不利事件的来源、概率、后果、时间和脆弱性的函数。与风险密切相关的几个概念中，不确定性是指环境或组织变量的不可预测性（Miller，1992）；模糊性是指随机性不能用确切概率表示的情况（Natarajan等，2012）；而危险性是指潜在的危险来源（Van Mieghem，2012）。风险包括上行和下行的可能性，不确定性或模糊性则强调对可能的结果缺乏了解或缺乏相关的信息，危险性则指的是下行风险。风险矩阵经常用于风险分析，其行有"概率""可能性"或"频率"几个类别，其列有"严重程度""影响"或"后果"几个类别（Cox，2008）。风险暴露或风险敞口可以解释为风险概率和风险后果的乘积。

在本书中，我们主要关注两种主要类型的风险：运营风险和金融风险（见表1-1）。运营风险是指供应、流程、需求管理中的时间、数量、价格的不确定性。金融风险是指实际结果偏离预期值的可能性（Sharpe，1985）。根据文献，我们用流程图将运营风险分为三类（供应风险、流程风险和需求风险），将金融风险分为两类（内生金融风险和外生金融风险）。内生金融风险包括信用风险和流动性风险，即市场不完善导致的企业融资不确定性。外生金融风险是指金融市场价格波动引起的不确定性。这种分类还强化了运营风险和金融风险之间的相互依赖性，我们将在下面进行详细阐述。

运营风险和金融风险之间的相互依赖性激励企业采取整合风险管理。OFI研究确定了三种类型的相互依赖关系（在表1-1中用a、b、c标注）。a表示运营的金融约束；b表示运营风险与金融风险间的相互关系；c表示可选的风险缓解措施。前两种类型的相互依赖关系嵌入在实体投资与收益管理的过程中，而第三类依靠的是金融风险的运营对冲和运营风险的金融对冲。

表 1 – 1　　　　　　　　　　　　　　风险识别

运营风险		金融风险	
供应风险	供应中断风险[c] 供应产能不确定性 供应产量风险 投入要素的价格不确定性 提前期不确定性	内生金融风险[a]	预算约束 金融困境成本 破产风险 税收减免 外债成本 代理和交易成本
流程风险	流程中断风险[c] 流程产能不确定性 技术风险 流程产量风险 流程成本不确定性		
需求风险	产品需求风险 市场需求风险 产出价格不确定性 服务成本不确定性 营销和销售风险 配送风险	外生金融风险[b]	利率风险 汇率不确定性[c] 资产价格不确定性 商品价格风险[c] 衍生品价格不确定性

a：在实体投资中，内生金融风险导致运营上的金融约束，并导致供应、流程风险。
b：收益管理中运营风险与外生金融风险的相互关系。
c：通过金融风险的运营对冲和/或运营风险的金融对冲来缓解风险。

运营的金融约束是指由于市场的不完善导致的实体投资的瓶颈，即与税收、金融困境、破产和资本相关的预算约束和成本。为了避免运营的次优化（如投资不足），金融对冲和流动性管理可破解这些制约，使企业价值最大化。例如，可以通过银行贷款实现渠道协调，缓解新闻供应商面临的采购资金的约束（Dada 和 Hu，2008）。金融困境和破产风险可以通过流动性管理和运营对冲共同缓解（Gamba 和 Triantis，2014）。在有预算约束和固定破产成本的情况下，可对外部贷款融资和生产技术决策进行联合优化（Boyabatli 和 Toktay，2011）。

运营风险与金融风险之间的相互关系，使运营与金融在收益管理中的联系更加紧密。例如，需求不确定性与经济或金融变量之间的相关性可以联合运营与金融对冲（Mello 等，1995）。需求与汇率之间的相关性大小可以决定最优产能和金融对冲决策（Chen 等，2014）。与资产价格相关的需求不确定性使库存风险的金融对冲成为可能，而相关程度会影响由于金融对冲导致的利润方差的缩减（Gaur 和 Seshadri，2005）。价格风险可以是运营方面的，也可以是金融方面的，因为它可能影响两者中的任何一种成本。运营价格风险是指影响运营成本的投入和产出价格的不确定性，而金融价格风险是指金融市场中资产和衍生品价格的不确定性。例如，投入价格对金融市场波动的依赖会导致产生联合采购和金融对冲（Caldentey 和 Haugh，2009）。

可选的风险缓解措施包括金融风险的运营对冲和运营风险的金融对冲。首先，汇率不确定性等金融风险可以通过实物期权进行运营对冲，也可以通过货币衍生品进行金融对冲（Ding 等，2007）。其次，通常可证实的运营风险可以通过保险在金融上得到缓解，这就需要联合保险和运营管理。例如，中断风险可以通过应急供应、囤货和业务中断保险管理（Dong 和 Tomlin，2012）。最后，运营与金融上的价格不确定性促使企业实施整合风险管理。如商品价格风险可以通过长期和短期合约以及通过商品衍生品进行金融对冲管理（Kouvelis 等，2013）。

1.4 明确整合条件：何时整合或不整合

鉴于已识别的风险及其相互依赖性，自然会产生一个问题：在何种情况下，企业应该整合运营与金融？由于运营对冲和金融灵活性之间的异质性，OFI 研究中考察了十个维度以明确整合条件：①不确定性来源；②时机；③可用性；④价值；⑤风险；⑥成本；⑦组织结构；⑧供应链结构；⑨信息结构；⑩资本结构。为了便于阐述，我们将以上十个维度分为三类：可行性（①～③）、权衡（④～⑥）和结构（⑦～⑩）（见表 1-2）。

当运营策略和金融策略在不确定性来源、时机和可用性维度都可行时，公司会对它们进行整合。不确定性来源决定了运营对冲和金融灵活性的具体选择，以及运营风险和金融风险之间的相互依赖类型（见 1.3 节），也会影响策略工具组合的可行性。运营策略在缓解运营或竞争风险方面更有效，而金融工具可以更好地对冲金融和交易风险。例如，需求和汇率不确定性的存在可促使企业实施整合生产灵活性和金融对冲（Chowdhry 和 Howe，1999）。即使在一个不完善的金融市场中，市场风险也可以完全对冲；然而，需求不确定性是私人风险，只能通过库存管理来对冲，而不是通过金融工具（Chen 等，

表1-2　运营与金融的整合条件

类别	维度	运营对冲	金融灵活性	整合条件	文献
可行性	不确定性来源	在运营或竞争风险缓解方面更有效	在金融管理或交易风险方面更有效	明确运营与金融之间的相互依赖性	Chowdhry 和 Howe (1999), Chen 等 (2007), Ding 等 (2007)
	时机	长期	短期	规划期保持一致;时机的确定以明确的相互依赖性为依据	Hommel(2003), Zhu 和 Kapuscinski(2011), Yang 和 Birge (2010)
	可用性	根据产能投资决定	取决于金融市场(如主要货币而的衍生品)	运营对冲和金融对冲都是可行的	Boyabatli 和 Toktay (2011), Huchzermeier 和 Cohen (1996), Alan 和 Gaur(2012)
权衡	价值	$E[V]>0$	$E[V]>0$(市场价值最大化) $E[V]=0$(无套利)	运营策略和金融策略都无法实现价值最大化	Triantis(2000), Stulz(1996)
	风险	增加或降低	降低	运营策略和金融策略都无法实现风险(如方差)最小化	Mello 等 (1995), Ding 等 (2007), Gamba 和 Triantis (2014)
	成本	费用昂贵,可能会减少时间和波动性	费用更低,可能会增加时间和波动性	整合是成本有效的	Huchzermeier 和 Cohen(1996), Triantis(2000)
结构	组织结构	运营部门	财务部门	集中的好处是可控制协调成本	Kleindorfer 和 Saad(2005), Glaum(2005)
	供应链结构	竞争地位、集中或离散化、供应链鲁棒性和灵活性	离散对冲、竞争地位	供应链合作伙伴可以获得运营与金融信息	Froot 等 (1993), Kouvelis 和 Zhao(2012), Gupta 和 Dutta (2011), Lee (2004), Christopher 和 Rutherford (2004), Sheffi 和 Rice(2005)
	信息结构	供应链、市场(价格)信息	市场信息、企业信息	一致的激励;最优化取决于信息结构	Lee 和 Tang (1997), Lee (2004), Caldentey 和 Haugh (2006), Alan 和 Gaur (2012)
	资本结构	受资本结构影响的可行策略集合	减少金融困境,增强负债能力	最优化取决于资本结构	Mello 等 (1995), Stulz (1996), Chod 和 Zhou (2014), Gamba 和 Triantis(2014)

2007）。Ding 等（2007）通过比较运营对冲和金融对冲在缓解需求和汇率风险方面的相对有效性，得出了类似的结果。

运营策略与金融策略的时间一致性也会影响整合风险管理的可行性。运营灵活性的形成需要时间，而期限较短的金融工具则允许以更及时的方式实施金融对冲。因此，在处于风险暴露下的运营策略实施之前，金融工具可以起到缓冲作用（Hommel，2003）。整合风险管理通常要求运营与金融的规划周期保持一致，这可以通过在长期运营规划的每个时期进行动态金融对冲实现（Zhu 和 Kapuscinski，2011）。这种运营风险和金融风险之间的相互依存会影响运营与金融决策的相对时间：一是在实体投资中运营的金融约束可能导致企业通过现金工具或供应链金融在事前或同时进行融资，如银行贷款、贸易信贷和保理（Yang 和 Birge，2010）；二是收益管理中运营风险和金融风险的相关性通常需要同时或事后进行金融对冲（Ding 等，2007）；三是在业务中断保险的情况下，可选的风险缓解措施会导致企业事先进行财务决策（Dong 和 Tomlin，2012）。

运营策略或金融策略的可用性改变了整合风险管理的可行集。例如，运营对冲取决于对技术选择的实体投资：产品灵活性要求对专用或灵活性生产技术进行初始投资（Boyabatli 和 Toktay，2011）。需要注意的是，金融对冲可能受到限制，如货币衍生品只对主要货币有效（Huchzermeier 和 Cohen，1996）。此外，债务融资可能会受到贷款限制，如那些基于资产的贷款有这样的限制（Alan 和 Gaur，2012）。

公司通过权衡价值、风险和成本来优化运营对冲和金融灵活性。运营策略的期望值（表 1-2 中用 $E\ [V]$ 表示）一般为正，因为实物期权可以在探索上行潜力的同时限制下行风险（Triantis，2000）。金融对冲的增值效果在很大程度上取决于市场假设和对冲目标。在一个有效的（无套利）市场中，金融对冲的期望值为零。这就是所谓的"自融"交易策略。在市场不完善的情况下（例如，存在与税收、金融困境、破产和外债相关的预算约束和成本），如果存在成本削减效应，则金融对冲的期望值可以为正。此外，金融对冲的目标是价值最大化、避免"低尾效应"，同时保持上行潜力（Stulz，1996）。

风险规避型企业会优化运营与金融策略，以降低风险。全球供应链网络期权可能会利用现金流的波动性（Huchzermeier 和 Cohen，1996）；而在全球生产中，分配期权可以降低单位利润方差（Ding 等，2007）；生产灵活性的方差效应反映了产品价格与汇率的相关程度；因此，正（负）相关导致方差的减少（增加）（Mello 等，1995）。[①] 金融对冲的方差减少效应取决于企业的目标。在一个有效的市场中，金融对冲可以用来最大限度减少波动性。在市场不完善的情况下，对冲的目标可以是价值最大化，也可以是方差最小化（Gamba 和 Triantis，2014）。

此外，风险管理策略的成本随可用性、时间和波动性的变化而变化。运营灵活性可能成本更高，因为它需要初始投资。例如，生产灵活性取决于对多国设施的投资，而多源采购灵活性取决于转换成本和供应商基础的开发。相比之下，金融对冲成本较低，因为交易成本较低。人们必须记住，运营与金融对冲的成本可能会随着时间的推移而变化。根据期权的类型和对冲的类型，实物期权的成本可能会随着时间的推移而降低（例如，转换成本可以分摊到增加的时期内），而金融对冲的成本可能随着时间的延长而增加（Huchz-ermeier 和 Cohen，1996）。波动性更大可能导致运营灵活性更具成本效益，并增加金融对冲的成本，原因是生产能力的成本对波动性的敏感性不如金融衍生品的成本对波动性的敏感性（Triantis，2000）。

表 1-2 中的第三类，阐述了整合风险管理与组织、供应链、信息、资本等各种结构之间的相互调整。一方面，运营与金融风险管理整合可以针对这些具体结构进行调整；另一方面，企业可以调整既定的结构，以确保整合风险管理的有效性。企业的组织结构在缓解风险方面起着重要的作用，这是因为在企业风险管理中必须通过跨职能的集中、协作和协调来处理各种风险。除平衡运营与金融之间的相互作用外，整合还会带来协同效益——例如，企业可以采取（跨职能）整体对冲策略来实现规模经济效益，避免成本高昂的非合作策略（Kleindorfer 和 Saad，2005）。但是由于法律和企业运营限制，费用可能来自地方或职能单位之间的协调（Glaum，2005）。因此，企业的最优结构取决于集中的收益和协调成本之间的权衡。

供应链结构影响着企业的竞争地位和协作地位，从而决定了最优的整合风险管理方案。企业不需要模仿竞争对手的风险缓解策略。如果竞争对手的弱点（如对冲不充分）降低了行业产能过剩的可能性，那么在国外投资的收益就可能会增加，这反过来又会激励公司通过货币衍生品进行更多的对冲（Froot 等，1993）。供应链合作伙伴之间的集中、协作、协调也是成功的供应

---

① 括号中的"负"对应"增加"，后文有多处类似表述——译者注。

链风险管理所必需的。例如，在资本约束下，可以通过贸易信贷和银行融资来协调具有最优融资和契约的分散型供应链（Kouvelis 和 Zhao，2012）。供应链结构决定了企业对上下游合作伙伴的最优支付方案（Gupta 和 Dutta，2011）。同时，企业可以调整供应链结构以适应市场变化，并根据战略、产品和技术调整供应网络（Lee，2004）。供应链的适应性侧重于质量控制和风险管理，这分别有助于建立鲁棒供应链和弹性供应链（Christopher 和 Rutherford，2004）。通过采取运营灵活性策略，企业可以增强供应链的弹性（Sheffi 和 Rice，2005），详见第 3 章。

供应链中的信息结构、金融市场和企业也会改变风险管理策略的最优性。供应链中运营伙伴和金融伙伴之间的信息不对称自然会影响风险的协调缓解。信息共享可以减少牛鞭效应，从而有助于物流的供需匹配（Lee 和 Tang，1997）。加快供应商和客户之间的信息流动，可以增强供应链的敏捷性和一致性（Lee，2004）。在金融供应链中，融资机制的设计可以改善信息不对称效应。例如，可以采用基于资产的贷款来减少金融供应链中的信息失真（Alan 和 Gaur，2012）。我们注意到，金融市场的信息结构可以联合运营对冲和金融对冲的最优性。金融市场中完全信息和部分信息为新闻供应商联合采购和金融对冲提供了不同的解决方案（Caldentey 和 Haugh，2006）。企业信息结构（相对于管理者和股东而言）是资本结构理论关注的核心问题。这种关注催生了诸如"分离性""静态权衡"和"啄序"概念，详见第 2 章。

此外，在面对股东权益问题时，资本结构决定了运营与金融策略的选择。例如，在债务代理成本和破产风险下，跨国公司（MNC）的负债结构决定了生产灵活性与金融对冲之间的相互作用。更大的灵活性可减少特定债务水平下所需的对冲合约数量，但如果杠杆率是固定的，这一数量将会增加（Mello 等，1995）。因为风险管理可以被看作股权资本的替代品，它可增加公司在金融困境下的债务能力（Stulz，1996）。一个企业的产品灵活性可以影响其最优资本结构，从而缓解投资不足、股东—债权人代理冲突，降低违约风险（Chod 和 Zhou，2014）。资本结构的选择受到目标是公司价值最大化还是股权价值最大化的影响——这就是运营、对冲和流动性管理的最优化（Gamba 和 Triantis，2014）。

1.5 选择运营对冲和金融灵活性

一旦整合条件明确，公司就可以选择它们的运营与金融策略的组合。为了概括选择战略组合，我们将金融工具和运营对冲策略分别分为三类和六类。

通过价值机制的区分，我们提出了三种类型的金融工具。第一种是现金工具。这是一种价值直接由市场决定的工具，包括债券、贷款、股票、流动性管理、外汇储备和保险。第二种是供应链工具。这是在运营伙伴和（或）金融伙伴之间签订的实现资金转移的协议，可以采取供应商补贴、贸易信贷、保理、反向保理、发票贴现或汇率风险分担等形式。第三种是衍生工具。其价格取决于其他金融工具或变量（如期货、远期、看涨期权、看跌期权、掉期）的价值。衍生品市场存在各种标的资产，包括货币和利率、权益、信贷、股票、商品，甚至天气。有关金融工具的详细说明，请参阅第2章。

我们将运营对冲策略分为六类。一是供应灵活性。包括多源供应、应急供应、备用供应、供应商改善和库存缓解措施，以应对供应的不确定性。二是流程灵活性。包括生产灵活性、产品灵活性、模块化、投放灵活性，以使物流的供需相匹配。三是需求灵活性。利用需求转移、分配期权、售后服务、进入/退出期权等来缓解需求风险。四是网络灵活性。这是指如何应用供应链网络期权、网络配置、协调期权、整合期权和逆向物流来优化供应链网络。五是时间灵活性。包括提前灵活性和延迟灵活性，侧重于供应链流程的时间维度。六是灵活性组合。即将上述五种灵活性整合起来。关于运营对冲策略的详细阐述，请参阅第3章。

1.6 优化整合运营与金融：互补或替代

在选择运营策略和金融工具的基础上，企业联合优化其实物资产和金融资产的组合。联合优化中自然会产生一个问题：运营对冲和金融灵活性是互补策略还是替代策略？

为了便于讨论，基于文献调查，我们定义了运营与金融之间存在的四种关系。一般的价值函数 V 表示一个公司的优化目标。整合运营与金融风险管理的值是 $V(O,F) = V(O) + V(F) + V(IE)$。这里采用了运营对冲，$O \in \hat{O}$（即可行的运营策略集合），以及金融灵活性 $F \in \hat{F}$（即可行的金融工具集合）。$V(IE)$ 是指运营与金融的相互影响，具体来说有以下几种。如果 $V(O,F) > V(O) + V(F)$，即 $V(IE) > 0$，运营对冲与金融灵活性就是互补的。如果 $V(O,F) = V(O) + V(F)$，即 $V(IE) = 0$，运营策略与金融工具就是分离的。[①] 此外，当 $V(O,F) < V(O) + V(F)$，即 $V(IE) < 0$ 时，运营对冲与金融灵活性就是替代的。在这种背景下有两种情形：如果 $V(O,F) > \max\{V(O), V(F)\}$，运营策略和金融工具是部分替代的；如果 $V(O,F) \leq \max\{V(O), V(F)\}$，运营对冲和金融灵活性是完全替代的。在第一种情形中，整合的价值小于两种机制的总和，但整合仍然可以为企业增加价值，因为整合的价值严格大于任何单一策略的价值。在第二种情形中，无论是运营对冲还是金融灵活性，都可以实现企业目标中的最优解决方案，即如果整合的价值增量 $\Delta V = V(O,F) - \max\{V(O), V(F)\}$ 是非正数，运营策略和金融工具就是冗余和相互排斥的。

全球供应链管理关注的是运营灵活性和金融对冲之间的关系。不同运营策略和金融策略之间的关系可以通过考察策略带来的边际价值增量来分析，尽管根据模型假设和变量变化得出的结论会有所不同。表 1-3 概述了关系分析中的探索。

生产灵活性（通过在不同国家转移生产）可以被作为"价值驱动因素"，而通过金融衍生品进行货币对冲可以调整方差（Hommel 2003；Ding 等，2007）。虽然人们通常发现生产灵活性和货币对冲是互补的，但如果运营对冲增加了期望利润并减少了方差，它们就可能表现出替代效应（Mello 等，1995；Ding 等，2007）。如果这两种机制的整合可以导致企业目标的正价值增加，它们就是部分替代，应该采用联合优化（Chen 等，2014）。生产对冲和金融对冲都能有效地管理汇率风险，而运营对冲通常能更有效地缓解需求风险。研究表明，当一个公司力求回避风险时，金融对冲更有效（Zhu 和 Kapuscinski，2011；Chen 等，2014）。此外，一个公司的负债结构（如债务水平）在市场不完善的情况下，可能是决定最佳联合运营与金融对冲的因素之一（Mello 等，1995）。

---

① 运营对冲即运营策略，金融灵活性即金融工具，本书中将交替使用这两组词——译者注。

表1-3 关系分析综述

相互依赖性			运营策略	金融工具	互补	分离	部分替代	完全替代	文献
相关	约束	可选							
√	√	√	生产灵活性,实际投资	货币衍生品	√				Froot 等(1993)
√	√	√	生产灵活性	货币债券,掉期,远期	√		√		Mello 等(1995)
√		√	生产灵活性	货币远期,期权	√		√		Chowdhry 和 Howe(1999)
		√	生产多样化和灵活性	货币远期,期权	√		√		Hommel(2003)
√	√		产能计划,分配期权	货币远期,期权	√				Ding 等(2007)
√			产品或延迟灵活性	天气衍生品	√		√	√	Chod 等(2010)
	√		产能排序,库存	供应商补贴	√	√	√		Babich(2010)
		√	产能,生产,分配	债券,货币衍生品	√	√			Zhu 和 Kapuscinski(2011)
	√		产品灵活性	针对技术的贷款	√				Boyabatli 和 Toktay(2011)
		√	库存,应急采购	业务中断保险	√		√	√	Dong 和 Tomlin(2012)
√		√	产能,外包,延迟	货币衍生品			√		Chen 等(2014)
√	√		生产进入退出	现金,掉期	√		√		Gamba 和 Triantis(2014)

　　例如，通过天气衍生品，可以联合采用运营灵活性和金融对冲来管理与天气相关的需求风险。产品灵活性和金融对冲是互补还是替代关系，取决于需求和天气变量之间是否存在正相关或负相关关系；延迟灵活性和金融对冲是替代关系（Chod 等，2010）。保险策略和运营策略（库存和应急采购）既可以是互补关系也可以是替代关系，这取决于它们的净保费交互作用是否在管理中断风险的惩罚减少中占主导地位（Dong 和 Tomlin，2012）。供应商补贴和库存可以作为延迟交货的替代策略；在比例随机产量下，产能排序和供应商补贴是替代关系；订单数量和供应商补贴之间的关系取决于制造商的成本函数与前期产能成本函数的凸度（Babich，2010）。

　　此外，市场不完善会影响运营对冲和金融灵活性的最优性和相对有效性。运营策略和金融工具通常是相辅相成的，但在联合优化时，它们也可部分替代。企业通过运营灵活性、金融对冲和流动性管理来确保货币供应，再通过实体投资提高企业价值，从而降低市场不完善带来的成本。联合融资和实体投资的最优性取决于实体投资和收入的风险敞口、市场竞争、竞争对手的对冲策略（Froot 等，1993），以及运营多样化、产能集中和贷款融资的相互作用（Boyabatli 和 Toktay，2011）。流动性管理对由市场不完善驱动的整合风险管理而言至关重要（Gamba 和 Triantis，2014）。

2　资本结构和金融风险管理

本章强调资本结构与金融风险管理之间的联系，这是货币流供需匹配的核心。首先，我们研究资本结构理论如何应用于运营与金融的方法选择（集中或分散）。接下来，在整合风险管理的背景下，将方法选择和关系分析联系起来。然后，对金融灵活性的类型进行分类，并对各种金融工具进行描述。最后，研究企业投资与金融风险管理之间的相互作用。

2.1　方式选择：集中还是离散

除了运营与金融之间的关系分析之外，企业还面临着选择集中还是离散的方法进行整合风险管理的问题。采用 OFI 模型时引入了资本结构的三种理论：分离性、静态权衡和啄序。①

Modigliani 和 Miller（1958）认为企业的资本结构和金融决策独立于完善资本市场下的最优投资和运营决策，这被称为运营与金融的分离性理论。在股东与经理人之间不存在信息不对称和激励不匹配的情况下，应保持这种分离性。随后的研究将各种市场摩擦和信息结构结合起来，形成了两种相互冲突的资本结构理论：静态权衡理论和啄序理论。在 Modigliani 和 Miller（1963）提出的静态权衡理论中，在完全信息条件下，企业通过权衡外债的好处及债务成本优化其负债结构。例如，外债的好处包括税收保护和较少的自由现金流问题；债务成本包括与金融困境、破产风险和代理问题等相关的成本。与此相反，Myers 和 Majluf（1984）、Myers（1984）提出了一种啄序理论，该理论考虑了管理者与股东存在信息不对称，并且由于交易成本和逆向选择成本，

---

① 有关资本结构研究的各种综述，请参见 Harris 和 Raviv（1991）、Myers（2003）、Graham 和 Leary（2011）。

公司更愿意采用内部融资而不是外部融资。尽管管理者理应比股东更了解情况，但人们认为，前者是为了后者的利益最大化行事。基于这些假设，企业的资本来源按以下啄序排列：从现金流（内部股权）、直接债务、可转换债务（带有股权期权）到外部股权。

人们用运营与金融间的分离性、静态权衡理论和啄序理论来选择集中或离散方法管理整合风险。首先，回顾一下，分离性是指同时采用运营策略与金融策略，但分别（分散）优化并且相互作用效果为零的情况（见1.6节）。运营与金融的分离通常是在强大的建模假设下推导出来的（例如，资本市场是完善的）。此外，这一特性并不意味着运营与金融决策的最优性是无关紧要的。事实上，分别优化运营决策与金融决策可以创造巨大的价值。例如，给定的运营策略可以独立于金融对冲而产生确定的公司价值。同时，在破产风险和债务代理成本下，货币对冲影响生产策略的可行集合（Mello 等，1995）。在以部分完善的金融市场为特征的多期库存模型中，最优库存可以独立于企业的财富、市场地位和金融对冲（Smith 和 Nau，1995），市场的不完善源于私人需求风险（Chen 等，2007）。在独立的供需冲击、无库存、随机产能和前期成本为零的情况下，可以分别做出最优产能预订和供应商补贴决策（Babich，2010）。在完善的（竞争性的）资本市场假设下，资本受限的公司可以将其运营和银行融资决策脱钩（Boyabatli 和 Toktay，2011；Kouvelis 和 Zhao，2012）。

其次，在需求不确定和市场不完善的情况下，我们可以按债务税收收益和金融困境成本之间的静态权衡对联合生产和融资决策同时进行优化（Xu 和 Birge，2004）。在税法、破产成本和信息不对称的情况下（Alan 和 Gaur，2012），投资外部市场还是投资靠资产贷款的新闻供应商之间的权衡决定了该公司所有者的资本结构。

最后，在整合风险管理中应用的啄序理论表明，由于成本的不同，金融工具和运营策略是部分替代关系，在实施时它们有不同的优先级。例如，如果生产多样化和灵活性导致成本的增加，那么金融工具将优先于运营策略（Hommel，2003）。在预算有限的情况下，企业上市前为了筹集资金以扩大产能，可以首先将内部资产作为最廉价的资本使用，然后向银行申请贷款（Babich 和 Sobel，2004）。在存在现金持有成本、贷款限额和外部融资成本的情况下，实体投资可以通过内部资金、信用额度和外部股权之间的啄序来融资（Bolton 等，2009）。为了在预算有限的供应链中进行库存融资，零售商首先选择内部资金，其次采用最便宜的贸易信贷，最后在贸易信贷和银行贷款之间实现外部融资的多样化（Yang 和 Birge，2010）。在产量随机，并具有固定的供应商成本、财务约束和信息不对称的情况下，制造商可以在供应链中选择成本较低的融资方式，如银行贷款与贸易信贷（Babich 等，2012）。此外，当制造商从满足流动性约束的银行借入最少贷款是最优选择的时候，啄序理论仍然成立（Li 等，2013）。表2－1总结了资本结构理论在优化整合风险管理中的应用。

2.2　链接关系分析与方式选择

通过将整合风险管理的关系分析（见1.6节）与方式选择（见2.1节）结合起来，我们发现相互作用和价值增值共同决定了整合运营与金融的关系、兼容性和方法。表2－2通过三个因果关系描述了在OFI模型中存在的关系分析与方式选择间的联系：运营对冲和金融灵活性之间的相互影响塑造了它们之间的关系；公司的价值增量的目标决定了它们的兼容性；相互作用和价值增量可以联合确定最优的整合风险管理方法。

通常来说，如果运营对冲和金融灵活性之间的关系是互补的（替代的），那么它们就应该以集中（离散）的方式进行优化。然而，这种一对一的对应关系并不总是适用于整合风险管理。我们在表2－2中发现了两个相反的结果。一个是如果相互作用效果为零（分离），则应同时采用运营策略和金融工具，但应分别优化（离散化）。另一个是运营对冲和金融灵活性应以集中的方式优化，即使它们是部分替代关系。

表2－2提供的管理启示如下：当运营对冲与金融灵活性是互补或部分替代时，应通过运营与财务部门的集中、协作、协调来优化运营与金融灵活性。在情形1（情形3）时，运营与金融间的集中、协作和协调应该注重它们相互作用的最大化（最小化）。当运营对冲与金融灵活性是分离或完全替代时，应独立进行优化。情形2将导致运营与金融的各自优化，情形4下企业的风险管理应包括运营策略或金融工具。

表2-1 资本结构理论在优化整合风险管理中的应用

相互依赖性			市场假定	信息结构		分离性	静态权衡	啄序	文献
相关	约束	可选		对称	不对称				
√	√	√	代理债务成本，破产成本	√		√			Mello 等(1995)
√	√	√	有效市场，多样化或灵活性成本	√				√	Hommel(2003)
	√		产能扩张的财务约束	√				√	Babich 和 Sobel(2004)
√	√		完善或不完善的市场（税收，破产）	√			√		Xu 和 Birge(2004)
√	√		部分完善的市场	√		√			Chen(2007)
√	√		现金持有成本，贷款限制，外部融资成本	√				√	Bolton 等(2009)
	√		独立的供需冲击，无库存，随机产能，零前置期成本	√		√			Babich(2010)
	√		贷款限制，竞争，交易成本		√			√	Babich 等(2012)
	√		基于资产的贷款，税收，破产		√		√		Alan 和 Gaur(2012)
	√		完善的（竞争性的）资本市场	√		√			Kouvelis 和 Zhao(2012)
	√		完善的资本市场	√		√			Boyabatli 和 Toktay(2011)
	√		零长期负债，破产成本		√			√	Li 等(2013)

表 2 – 2   **方式选择与关系分析的联系**

情形	相互作用	价值增量	关系	兼容性	方式
1	$V(IE) > 0$	$\Delta V > 0$	互补	兼容	集中
2	$V(IE) = 0$	$\Delta V > 0$	分离	兼容	离散
3	$V(IE) < 0$	$\Delta V > 0$	部分替代	兼容	集中
4	$V(IE) < 0$	$\Delta V > 0$	完全替代	不兼容	离散，排除

在运营与金融的联合优化后，整合风险管理的效率和效益可以通过有机销售增长、调整后的息税前利润和每股收益等绩效指标进行评估（Rorsted 和 Knobel，2012）。供应链伙伴可能会权衡金融和运营措施。例如，在两阶段供应链中，营运资本的增加可以降低总运营成本、增加总金融成本、降低营运资本投资的回报（Protopappa – Sieke 和 Seifert，2010）。成功的风险管理实践可以作为未来实施的绩效基准。通过整合运营与金融优化来持续创造价值，可以为企业创造竞争优势。

2.3 金融工具的分类

在本节中，我们根据金融工具的价值评估机制将其分为三类。表 2 – 3 中提出了金融工具及其相应的机制和权衡内容。

2.3.1 现金工具

现金工具是指其价值直接由市场决定的工具。这些工具包括贷款、股票、流动性管理、外汇储备和保险。贷款是指债权人将货币价值给予另一方，以换取将来偿还本金以及利息或其他财务费用的行为。基于资产的融资是一种特殊形式的贷款，由银行提供，并由供应商的实物资产（如库存和设备）作为担保（Buzacott 和 Zhang，2004）。技术专用贷款的特点是单位融资成本取决于公司选择的技术是灵活性的还是专用的（Boyabatli 和 Toktay，2011）。股票是一种证券，既代表对公司的所有权，也代表对公司部分资产和收益的所有权。"普通股"赋予股东在股东大会上投票的权利和获得股息的权利。拥有"优先股"的股东很少有投票权，但它们对资产和收益的要求却高于普通股股东。也就是说，优先股股东在普通股股东之前获得股息，并且在破产或清算的情况下拥有优先权。

表 2-3　　　　　　　　　　　　金融工具的分类

类别	金融工具	机制	权衡	文献
现金工具	贷款	一定数额的现金，按固定利率从债权人处借入（例如，基于资产的贷款或技术专用贷款）	运营收益与利息支付	Buzacott 和 Zhang（2004），Boyabatli 和 Toktay（2011）
	股票	一种代表公司所有权并对公司部分资产和收益拥有所有权的证券	买入价与卖出价	Caldentey 和 Haugh（2006）
	流动性管理	由以基础货币计价的现金持有量或其他高流动性资产组成的储备基金	流动性收益与持有成本	Gamba 和 Triantis（2014）
	外汇储备	一个公司的外汇储备	储备收益与汇率风险	Chowdhry 和 Howe（1999）
	保险	损失（如业务中断）风险从一个实体到另一个实体的公平转移，以换取付款	保险范围和保险费	Dong 和 Tomlin（2012）
供应链工具	供应商补贴	买方向供应商提供经济援助以增加其资产或减少其负债	供应商可靠性与补贴成本	Babich（2010）
	贸易信贷	买方从供应商处购买货物，可选择延期付款（延长信贷）	提前付款折扣与延迟付款价格	Kouvelis 和 Zhao（2012）
	保理	供应商将应收账款以折扣价出售给第三方以获得即时现金	流动性收益与保理贴现	Yang 和 Birge（2013）
	反向保理	债权人向供应商购买应收账款，供应商接受了信誉良好的买方的承诺，买方承诺在到期日向债权人付款	流动性收益与利率成本	Klapper（2006）
	动态贴现	供应商按随时间而变化的不同利率向买方提供提前付款折扣	流动性收益与贴现率	EBA（2014）
	汇率风险分担	一种合约，允许供应商和买方均分汇率收益或损失	预期收益与货币不确定性	Kouvelis（1999）

续　表

类别	金融工具	机制	权衡	文献
衍生品工具	期货	一种标准化的协议，在将来的一个标准化的交付时间以固定的价格购买一定数量的资产	对冲收益与金融不确定性	Kouvelis（1999）
	远期	在未来特定时间以固定价格购买资产的特定协议		Hommel（2003）
	看涨/看跌期权	一种协议，赋予持有者在某一日期以某一执行价格购买或出售某一资产的权利		Ding 等（2007）
	掉期	一种协议，根据特定的规则，在特定的未来时间兑换现金流		Hull（2012），Gamba 和 Triantis（2014）

　　流动性管理通常建立在储备基金的基础上，而储备基金由以基础货币计价的现金持有量或其他高流动性资产构成。流动性管理是一种重要的风险管理机制，特别是当对冲工具在缩小风险敞口和/或重组运营涉及非常高的成本而受到一定程度的限制时更加重要（Gamba 和 Triantis，2014）。在实践中，2007—2008 年金融危机期间积累的经验凸显了流动性管理的重要性。例如，宝马集团制定并严格遵守最低流动性标准，通过持有流动性储备和广泛多样化的再融资来源来保证偿付能力（BMW，2015）。外汇储备是指企业为减轻汇率波动的影响而以外币持有的货币价值（Chowdhry 和 Howe，1999）。保险是一方当事人从另一方当事人（通常是保险公司）处获得经济保护或赔偿损失。保险公司将各自客户的风险集中起来，使被保险人更能负担得起保费（定期支付）。保险公司已经开发了个性化的保险产品，保护公司免于遭受运营风险的冲击。例如，"业务中断保险"可保护公司免受其因设施或供应商设施供应中断而无法正常运营所造成的损失（Dong 和 Tomlin，2012）。

2.3.2　供应链工具

　　供应链工具是在供应链运营中和/或金融伙伴之间转移资金流的协议，包括贸易信贷、动态贴现、供应商补贴、保理、反向保理和汇率风险分担。其中，前两项旨在缓解下游买方（零售商）的资本约束。贸易信贷指的是一种供应合同，在这种合同下，如果买方提前付款就可以折扣批发价购买供应商的产品；如果延迟付款，则可按预先确定的融资利率购买（Kouvelis 和 Zhao，2012）。经常使用的贸易信贷术语是"2/10，净30"，这指的是如果在发票日期后10天内收到付款，买方将获得2%的折扣；否则，在30天内支付全部金额（无折扣）。根据这个条款，收到面额2000美元发票的人可以享受2%的折扣，即40美元，并应在10天内付清1960美元，或是选择在10天后30天内付清2000美元。贸易信贷是"静态"贴现的一个例子，与动态贴现相对应；动态贴现为供应商提供了来自买方的应付账款的早期收据，作为交换，可变折扣率随着付款延迟的增加而下降（EBA，2014）。如果发票审批时间超过"2/10，净30"条款所规定的10天，动态折扣可消除买方错失折扣的风险。动态贴现允许买方和供应商设置条款，折扣率可随付款延迟天数而降低，条款谈判是开放的。因此，买方可以在付款窗口内的任何时间获得最大的折扣，因为供应商和买方事先就适用的折扣率达成了协议。

以下三种手段用于缓解上游供应商的财务约束。供应商补贴是一种财务援助，其中买方提出增加供应商的资产或减少其负债（Babich，2010）。例如，当福特汽车公司的供应商伟世通（Visteon）在2005年考虑申请破产时，在福特汽车公司同意支付16亿～18亿美元帮助伟世通进行重组后，该公司才得以避免破产（White，2005）。保理是指供应商将应收账款以折扣价出售给第三方（保理商），折扣价等于利息加上服务费，以获得即时现金。通常有两种保理方式：有追索权保理和无追索权保理。如果将应收账款"有追索权"转让，则保理商有权向供应商（卖方）收取未付的发票金额；如果将应收账款"无追索权"转让，那么对于买方（应收账款的债务人）未能支付的发票金额，保理商必须承担损失。反向保理是由买方（订货方）发起的一种融资解决方案，目的是帮助其供应商以低于金融机构提供的利率为应收账款融资。在反向保理程序中，买方为它的供应商与融资方（银行）提供了这样一个项目，融资流程如下。首先，合格的供应商在银行开立账户，由买方确认。产品发货后，供应商向银行提交付款申请（连同发票复印件）。然后，银行立即（如第一天）支付发票金额的大部分款项（如90%），在约定的到期日（通常是第30天）向供应商支付剩余部分款项（扣除利息后）。同时，银行在到期日收到买方100%的付款。

汇率风险分担是一种协议，其中，由于汇率波动而产生的收益或损失由买方和卖方平均分担（Kouvelis，1999）。例如，假设一家美国公司从一家欧洲供应商那里购买了价值1万欧元的货物，并且在合同签订后的三个月内付款。如果签订购买合同时的汇率是1.2（即1欧元兑1.2美元），那么需要支付的货款就等于1.2万美元（假设均以美元支付）。现在假设三个月过去了，汇率降到了1.0，在这种情况下，这批货只值1万美元。因此，由于汇率发生了变化，这家欧洲公司损失了部分货款。如果汇率风险分担合同生效后，2000美元的损失就由双方平均分担。也就是说，每家公司将承担1000美元的损失。

2.3.3　衍生品工具

衍生品工具的价格是基于其他金融工具或变量的价值的。金融衍生品包括多种标的资产：货币、利率、权益、信贷、股票、商品，甚至天气。期货合约是在特定时间以特定价格买卖资产的标准合约，其中执行价格是合约的固定价格。合约中的多头（空头）指的是购买（出售）标的资产的责任。期货合约通常在交易所交易，在这里，合约每天"结算"一次。期货合约的双方都必须向交易结算所提交所谓的保证金（通常是现金或有价证券），以确保它们履行合约承诺。远期合约是在未来某个时间以某个价格买卖某种资产的特定协议。大多数此类合约在场外交易市场（OTC）进行交易。例如，如果一家公司在执行价格为100美元的远期合约中持有多头头寸，那么，如果标的资产价格升至120美元，它将获得20美元；如果标的资产价格跌至80美元，它将损失20美元。空头头寸的表现则相反。

期权合同有两种。看涨期权是在特定日期以特定价格（执行价格）购买特定资产的权利，而看跌期权是在特定日期以特定价格出售特定资产的权利。例如，如果一个公司购买了一个看涨期权，合约的执行价格100美元，风险溢价12美元。那么，如果标的资产的价格上涨到120美元，它将盈利20美元；但如果价格下跌到80美元，它将只损失12美元（风险溢价），因为那时看涨期权将不会被执行。看跌期权合约也可以类似地描述。期权合约既可以在交易所交易，也可以在场外交易市场交易。美式期权可以在其有效期内的任何时间执行，而欧式期权只能在到期日执行。期货合约和远期合约的持有者有义务以一定的价格买进或卖出。在期权合同中，持有者有权以一定的价格买进或卖出。期货合约和远期合约锁定了未来交易的价格，线性合约也是如此：如果一家公司在标的资产向一个方向移动10%时赢得1美元，那么当标的资产向相反方向移动10%时，它就会损失 1 美元。相比之下，期权是非线性的，因为它允许公司在不必放弃潜在收益的情况下，为损失设定底线。由于期权可以被视为在不限制上行潜力的情况下限制下行风险的保险，因此它们可以在景气时期增加投资的灵活性。最后，掉期是一种在特定的未来时间按照特定的规则兑换现金流的协议（Gamba 和 Triantis，2014）。

2.4 企业投资与金融风险管理之间的联系

受商品价格、利率和汇率等金融市场变量影响，公司经常面临不确定性。全球化自然增加了国际公司的风险。例如，2011 年，宝马集团在德国的销量仅为总销量的17%。印度、中国、俄罗斯和东欧等新兴经济体如今是快速增长的市场。尽管销量激增，但宝马集团估计，2005—2009 年，其汇率风险令公司付出了约 24 亿欧元的代价。为了缓解汇率风险，宝马集团采取了两种策略：第一种是"自然对冲"，即公司在销售发生的市场进行消费，这确保了支出和收入以相同的货币计价；第二种策略是通过货币衍生品进行金融对冲，由美国、英国和新加坡的地区财政中心管理（Xu 和 Liu，2012）。

据一些史学家的说法，风险管理概念可追溯到古代的赌博。据但丁（Dante）和伽利略（Galileo）记载，两千年前，人们玩骰子和用骨头赌博。赌博的演化产生了概率论，这就是风险管理的基础。17 世纪，帕斯卡（Pascal）和费尔马（Fermat）写了关于机会博弈方面的论文，他们的工作被认为是点燃了现代概率论的火花。

在现代金融理论中，风险通常被定义为"实际结果偏离预期结果的可能性"。企业采用风险管理的动机有五个方面：①现金流和投资的可变性；②资本市场的不完善和投资不足，为了应对这种情况，企业可以利用金融对冲，通过缓解在增值活动中投资不足的风险来增加利润；③金融困境和破产的成本；④要求增加对公司股东的回报；⑤税收优惠。我们给出了改编自 Froot 等（1993）的例子，说明如何在动机①和②方面使用金融对冲。

例1，麦克德莫特公司（McDermott）是一家个人护理品跨国经销商，总部、研发部门和生产工厂都位于欧元区，但其一半的销售收入来自北美洲和亚洲。结果，受到汇率波动的影响，如果汇率保持在当前水平，那么麦克德莫特公司的现金流预计将达到 a 百万欧元。当欧元大幅贬值时，非欧元区国家的销售收入会带来更多欧元，更具体地说，该公司的现金流将增加到 $a+2b$ 百万欧元。相反，如果欧元大幅升值，它的现金流就会下降到 $a-2b$ 百万欧元。我们假定汇率上升、下降或保持不变的可能性是相同的。

麦克德莫特公司研发投资的回报如表 2-4 所示。如果该公司在研发上投资 a 百万欧元，那么净现值（NPV）将达到 $3c$ 百万欧元。如果研发预算设定在 $a-2b$ 百万欧元或 $a+2b$ 百万欧元，那么由此产生的 NPV 将为 $2c$ 百万欧元。因此，麦克德莫特公司的研发投资的最优水平是 a 百万欧元。

表 2-4　　　　　　　　麦克德莫特公司研发投资的回报　　　　单位：百万欧元

研发投资	净现值	贴现现金流
$a+2b$	$2c$	$a+2b+2c$
a	$3c$	$a+3c$
$a-2b$	$2c$	$a-2b+2c$

在没有金融对冲的情况下，麦克德莫特公司将在欧元稳定或贬值时在研发上投资 a 百万欧元，但当欧元升值时将只投资 $a-2b$ 百万欧元。如果金融市场是有效且无套利的，那么对冲合约的定价就是公平的。因此，不可能通过获得正的预期回报而有系统地跑赢市场（Chowdhry 和 Howe，1999；Hommel，2003）。换句话说，金融对冲是无套利的，因此对冲的期望利润为零。当欧元升值（贬值）时，麦克德莫特公司金融对冲赢得（损失）$2b$ 百万欧元。然而，对冲的结果是产生稳定的 a 百万欧元的现金流。在这种情况下，麦克德莫特公司可以在研发上达到最优投资水平，从而实现 $3c$ 百万欧元的净现值。金融对冲的增值源于欧元升值，因为在这种情况下，研发的额外投资使麦克德莫特公司的净现值从 $2c$ 百万欧元增加到 $3c$ 百万欧元。因此，麦克德莫特公司对冲产生的效果较好，金融对冲产生的期望利润相当于 $\frac{1}{3}(3c-2c)=\frac{1}{3}c$ 百万欧元。表 2-5 是麦克德莫特公司三种情况下的金融对冲价值。

表 2 - 5　　　　　　　　　　麦克德莫特公司的金融对冲价值　　　　　　　单位：百万欧元

运营现金流	没有金融对冲的研发水平	金融对冲产生的现金流	研发投资增量	金融对冲的价值
$a+2b$	a	$-2b$	0	$-2b$
a	a	0	0	0
$a-2b$	$a-2b$	$2b$	$2b$	$2b+c$

在这个例子中，金融对冲的目的是资金的供需保持一致。麦克德莫特公司的现金流供应随汇率波动，但对资金的需求，也就是对研发的最优投资是不变的。金融对冲是指在各种情况下，货币从自发状态转移到绑定方。因此，它减少了现金流的变化，从而达到最优投资水平。虽然金融对冲是无套利的，但它可以通过投资增值项目来创造价值（Smith 和 Stulz，1985）。

例 2，现在假设在其他因素相同的情况下，麦克德莫特公司考虑在中国投资一家新工厂。在这个例子中，汇率的变化不仅影响麦克德莫特公司的现金流，也影响其新工厂投资的价值。如果汇率保持在目前的水平，那么麦克德莫特公司的现金流预计为 a 百万欧元，这是它的最优投资水平。如果欧元大幅贬值，现金流将增加到 $a+2b$ 百万欧元（因为国外销售收入转化为更多的欧元），最优投资额将增加到 $a+b$ 百万欧元（因为中国的新工厂将花费更多的欧元）。如果欧元大幅升值，那么麦克德莫特公司的现金流将降至 $a-2b$ 百万欧元，最优投资额将降至 $a-b$ 百万欧元。和以前一样，贬值、升值和稳定三种情况的可能性被认为是一样的。为了使资金的供需相匹配，麦克德莫特公司采用了无套利的金融对冲。当欧元升值（贬值）时，该公司从对冲中赢得（损失）b 百万欧元。这里，麦克德莫特公司不需要像前面的例子那样进行一定程度的对冲，因为该公司对外国投资有一种内在的对冲。例 2 中麦克德莫特公司的最优对冲是例 1 中对应项的一半，原因在于当现金流和投资机会都随着汇率波动时，资金供需之间的错配就会减少。

金融对冲的更重要的目标是什么？是减少现金流的波动性还是获得投资机会？在例 2 中，如果麦克德莫特公司将其现金流变化降为零，那么它将采用与例 1 中相同的金融对冲策略。然而，这样它就会失去投资额最优的保证。如果欧元贬值，麦克德莫特公司将比最优投资额少 b 百万欧元；如果欧元升值，麦克德莫特公司将比最优投资额多 b 百万欧元。全面对冲并不能保证真正的投资是增值的，金融对冲的目标应该是与货币流的供需相匹配。

例 3 (a)，阿尔法和贝塔是两家美国汽车制造商，其零部件分别来自中国和加拿大，加拿大的单位购买价格高于中国。供应合同以当地货币为准签订，但销售价格以美元计算。在这个例子中，哪家公司更需要对汇率进行金融对冲？如果美元贬值，而加元和人民币汇率保持稳定，那么以美元计价的两家公司的采购价格都将上涨。在这种情况下，从加拿大购买零部件的单价将超过以美元计的市场价格。然后，贝塔必须停止销售或者承担继续运营的损失——这表明它的现金流对汇率波动相对更敏感。因此，金融对冲对贝塔比阿尔法更有价值。

例 3 (b)，假设现在阿尔法和贝塔分别考虑在中国和加拿大投资新工厂。两家公司各自的现金流情况与例 3 (a) 相同。哪家公司应该更多些金融对冲呢？如果美元贬值，而加元和人民币保持稳定，那么两家公司以美元计的投资机会就会变得更加昂贵。因此，由于成本更高，在加拿大投资可能不再有利可图，在中国投资可能仍然有利。美元贬值对两家公司的现金流产生了同样的影响，但贝塔的投资机会将不如阿尔法的投资机会有利。因此，对贝塔来说，资金的需求与供给更加一致（即这里存在内在的金融对冲）。这意味着阿尔法比贝塔更需要金融对冲。

比较例 3 (a) 和例 3 (b)，我们可以看到，在同一行业运营的公司不一定采用相同的金融对冲策略。无论如何，风险管理的目标是公司的现金流供应与实体投资需求保持一致。

例 3 (c)，在这个例子中，阿尔法和贝塔都考虑在中国投资新工厂。例 3 (b) 中的所有其他因素保持不变。假设贝塔不采取针对汇率的金融对冲，在这种情况下，阿尔法应该采用金融对冲吗？如果贝塔没有采用金融对冲，那么如果美元贬值，它可能会做空人民币。这些情况将降低贝塔在中国投资的可能性，进而降低行业产能过剩的可能性。因此，阿尔法在中国的投资机会变得更加有利可图。我们得出结论，贝塔不采用金融对冲时，阿尔法应该采用金融对冲。

例 3 (c) 表明，企业应密切监控竞争对手的金融对冲策略，研究该策略对自身投资机会的影响，并据此调整其对冲策略。

总而言之，管理者可以通过回答以下三个问题来确定公司的最佳金融对冲策略。相对于汇率、商品价格和利率等市场变量，公司的现金流波动有多大？最优投资水平对这些金融变量有多敏感？哪种金融对冲策略最能使公司的现金流与最优投资水平相匹配？

回顾一下例 1 之前的表述，采用风险管理实践有五个动机。我们现在依次讨论动机③~⑤。

动机③：金融对冲降低了企业现金流的变化，进而可以消除违约的可能性。金融对冲通过消除破产成本 B 来增加企业价值。通过降低昂贵的低尾效应（Stulz，1996），金融风险管理的价值增量可由破产成本乘以破产概率来计算。例如，假设当前公司价值 $V = 5$ 亿美元，如果破产成本是公司价值的 20%（即，$B = 0.2 \times V$），且如果破产概率 $P = 10\%$，那么避免破产而采取的金融对冲（FH）的价值 $V[FH] = B \times P = 5$ 亿 $\times 20\% \times 10\% = 1000$ 万美元，或公司价值的 2%。因此，金融对冲的价值在有破产可能时（如经营现金流减少时）增加了。

动机④：公司的股东或担任经理人的所有者可能要求一定的回报率，以反映现存的系统性和非系统性风险。金融对冲可以通过降低所有者的风险从而降低所需的回报率来创造价值。除了投资者之外，公司的其他利益相关者（包括经理、员工、客户和供应商）可能要求更高的回报，以补偿公司特有价值所面临的更高风险。其结果是，金融对冲可以通过缩小风险敞口来增加价值，从而使获得更高的回报成为可能。

动机⑤：金融对冲可能带来的税收利益反映了收入可变性的减少和大多数税法的凸性。较高的收入通常伴随着较高的税率纳税，而亏损可能导致税率较低，甚至退税。由于税法的凸性，金融对冲可以调整企业的应纳税所得额，使其处于税率较低的区间内。因此，在成功的金融风险管理之后，税前收入的可变性较低，这可以产生最佳的企业税收减免。同样，当一个公司的税后利润相对于税前利润较低的时候，如果税前利润的可变性降低导致的减税收益超过了金融对冲的成本，那么它就应该进行金融对冲（Smith 和 Stulz，1985）。

3 供应链风险管理

在这一章中，我们介绍了供应链风险管理中运营对冲的概念和技术，它们被用来匹配物流的供需关系。首先，提出了供应链风险管理的概念框架，在此基础上，基于对每种运营策略的描述，提出了运营对冲分类。其次，研究了有代表性的供应链风险管理解析模型，并给出了算例。最后，讨论了关于供应链风险管理的实证研究，并提供了一些说明性的案例。

3.1 供应链风险管理的概念框架

为了建立一个供应链风险管理的框架，我们从风险和不确定性的概念入手。风险是"不确定性可能导致的不良后果"（Van Mieghem，2012）。在经济学中，风险指的是"我们可以列出所有的结果，并且我们知道每种结果发生的可能性"（Pindyck 和 Rubinfeld，1989）。后一种定义意味着，结果中的任何不确定性，无论它是否对结果有利，都构成风险。因此，这一定义涵盖了上行潜力和下行风险，与风险的一般解释的一个关键区别是没有限定在"危险"或"不利事件"。风险是三个因素的组合：事件或结果发生的可能性、该事件的后果、导致该事件的暴露或因果途径。风险源于不确定性，它可以是关于物理、社会、政治、经济、文化、环境或心理事件的不确定性。不确定性来源和组织面临的风险之间的关系可以看作一个漏斗模型。一个组织遇到的不确定性的来源关系着两个主要的影响公司绩效的风险——运营风险和金融风险。

供应链风险被定义为"潜在的事件发生或未能抓住入厂供应的机会，其结果导致（采购）企业的财务损失"（Zsidisin，2005）。供应链管理是指"对供应商和客户之间上下游关系的管理，以便以更低的成本为整个供应链提供更高的客户价值"（Christopher，1992）。这两个定义与供应链风险管理的定义"通过供应链伙伴之间的协调或协作来管理供应链风险，以确保盈利和连续性"（Tang，2006）是协调的。

风险分析是一个术语，用来描述不确定事件概率和进行后果的评估，以及一个实体的风险敞口。风险矩阵测度用频率（可能性）和影响（效果）表示不确定性来源。时机分析侧重于风险的时间轴。特定水平风险暴露的影响可能会随着时间的变化而表现出相当大的差异——如公司是处于创业阶段还是处于更成熟的阶段。脆弱性分析主要针对一个组织对风险的不利影响的易感性。定量风险分析可能涉及风险矩阵、时机分析和脆弱性分析，结合这些分析可以进一步评估不同的风险"方格"（即风险矩阵中明显标识的区域）。

风险评估包括基于风险分析的风险方格的度量和优先级划分。在风险度量中，将分析的风险级别与风险准则进行比较。这种度量的结果表明哪些风险是完全可以接受的、哪些是可忍受的、哪些是值得持续关注的、哪些是需要立即应对的。风险感知是基于对客观现象的解释评估风险程度的主观认知活动。感知的风险水平可以影响决策中的风险态度，其中"风险态度"的概念量化了决策者在多大程度上愿意采取不保证结果的行动方案（Roszkowski和Davey，2010）。风险优先级是基于风险矩阵方格的特征（由之前描述的风险度量确定），指出风险管理应该关注的领域以及以什么顺序关注（见图3-1）。

供应链风险管理框架中，运营灵活性策略按照空间和时间的维度进行分类。调整产品生命周期中活动的质量、数量、可靠性、设计或位置的策略是供应灵活性、流程灵活性或需求灵活性的实例，它们沿着图的水平轴（空间）的组合产生网络灵活性。这种灵活性的提前或延迟被时机灵活性捕获。除网络灵活性、供应灵活性、流程灵活性、需求灵活性、时机灵活性这五类灵活性外，运营策略之间的同步决定了我们所说的"灵活性组合"（3.2节中表3-1列出的最后一类）。

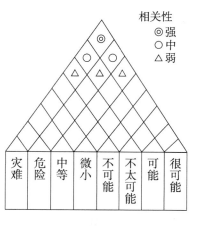

图3-1 预测性风险矩阵

3.2 运营灵活性的分类

在本节中，我们在阐述与六类灵活性相关的运营对冲策略时，采用了一种流程观（见表3-1的概述）。

表 3 - 1　运营对冲的分类

类别	运营策略	机制	权衡	文献
供应灵活性	多源采购	从多个供应商采购一种产品	供应商多样化或竞争的好处与备选成本	Kouvelis（1999）、Babich 等（2007）、Dada 等（2007）
	应急供应	通过签订购买灵活数量的合同,保留从某一供应商购买一定数量产品的权利(能力)	应急的好处与预备费用	Tomlin（2006）
	后备供应	从备选的内部(后备生产)或外部供应(后备供应)获得供应以防短缺或中断	边际收入与单位供应成本	Yang 等（2009）、Sting 和 Huchzermeier（2010）
	供应商改善	给供应商投资,改善其生产流程	改善的好处与投资成本	Wang 等（2010）
	库存缓解策略	在供应短缺或中断情况下持有库存以满足需求	期望利润与库存持有成本	Tomlin（2006）
流程灵活性	生产灵活性	在不同国家工厂间转移生产	灵活性好处与转换成本	Kazaz 等（2005）、Ding 等（2007）
	产品灵活性	在同一地点生产多种产品	边际价值与单位产能成本	van Mieghem（2007）
	模块化	将一组标准化的零部件组装成最终产品	模块化价值与配置成本	Ernst 和 Kamrad（2000）
	投放灵活性	推出新产品或产品种类	投放的好处与研发或营销成本	Vickery 等（1999）
需求灵活性	需求转移	随时间,市场和/或产品的变化转移需求	灵活性价值与转换成本	Tang（2006）
	分配期权	迅速降低成本地将产品交付市场	期望利润与分配成本	Ding 等（2007）
	售后服务期权	提供定制化服务和售后维护	服务的好处与运营成本	Kim 等（2007）
	进入退出期权	拓展新市场;撤回产品,停止生产或退出市场	灵活性价值与期权成本	van Mieghem 和 Dada（1999）、Gamba 和 Triantis（2014）

续　表

类别	运营策略	机制	权衡	文献
网络灵活性	供应链网络期权	通过改变供应、生产和/或配送期权,设计供应链网络	灵活性价值与转换成本	Huchzermeier 和 Cohen（1996）
	网络配置	配置网络,考虑供应、产品、处理和/或储存节点的多样化	配置的好处与资源投资	Tomlin 和 Wang（2005）, van Mieghem（2007）
	协调期权	通过合约或信息共享协调供应链成员间的决策	协调的好处与协调成本	Cachon（2003）
	整合期权	通过购或并购信息技术、整合供应链中的信息流、物流和资金流	整合的好处与整合的投资	Itai 等（2006）, Naguney（2009）
	逆向物流	在产品的生命周期中运营闭环供应链,从退货中回收价值	回收的好处与运营成本	Guide 和 Van Wassenhove（2009）
时机灵活性	提前灵活性	通过快速响应,供应合同或从远期和现货市场双向采购,提前下订单	灵活性时机价值与实施成本	Fisher 和 Raman（1996）, Donohue（2000）, Kouvelis 等（2013）
	延迟灵活性	推迟产能、生产和/或定价决策直至决策明确不确定性		Lee（1996）, van Mieghem 和 Dada（1999）
灵活性组合	类别间组合	将不同类别的灵活性结合起来	灵活性价值与运营成本	Ernst 和 Kamrad（2000）
	类别内组合	将某一类别内的灵活性结合起来		Tomlin（2006）

（1）供应灵活性主要关注与供应数量、时机和可靠性相关的决策。多源采购是指从不同的供应商处购买特定的零部件，而不是像单一采购那样只使用一个供应商。多源采购分散了供应基础内的风险，并能通过引入供应商价格竞争来降低价格。它还赋予企业在供应商之间进行转换的灵活性，从而减少对任何一个供应商的依赖。因此，供应商关系在本质上变得更具交易性。单一采购可以产生成本优势，因为单一供应商可以通过更大的订单数量带来的规模经济来降低生产成本。单一采购还可以降低交易成本。此外，买方可能比较容易获得单一供应商的专门知识，使新产品得到更快的发展。

表 3-2 比较了单一采购与多源采购的优势。

表 3-2 　　　　　　　　　　　　　单一采购与多源采购

单一采购的优势	多源采购的优势
通过捆绑/标准化降低成本 减少了供应商与用户的接触 降低了交易与管理成本 简化了质保并提高了专业化 ……	因为竞争较激烈而降低了价格 降低了对单一供应商的依赖度 降低了对单一技术的依赖度 可灵活变更供应商 ……
合作性供应商关系的优势	交易性供应商关系的优势
战略成本降低 供应商的承诺 供应商专有技术的转移 新产品开发速度加快 与供应商联合规划和共享信息 较早发现误导性开发 提高质量水平 简化采购流程 减少库存 ……	降低供应商管理成本 由于竞争的加剧可能降低价格 转换成本较低时可提高灵活性 降低对单一供应商的依赖度 专有技术不会转移给供应商 由于签订了长期合同所以不会减少供应商的动力 ……

注：改编自 Blome 和 Henke（2009）。

应急供应被定义为向现有的某一供应商进行数量灵活的预订并执行订单，以便在未来供应中断或短缺时能够临时增加采购数量。例如，2000 年，飞利浦的半导体供应中断，原因是一家生产工厂发生火灾，导致诺基亚和爱立信手机芯片短缺。诺基亚能够重新调整飞利浦埃因霍温（Eindhoven）工厂的供应量，并向其他供应商采购更多的芯片。然而，爱立信的单一来源采购方式让它没有"B计划"，结果造成了至少4亿美元的损失（Latour，2001；Tomlin，2006）。后备供应是指从替代产能或供应商处采购产品，以减轻供应中断的影响。供应商改善是指为提高供应商生产流程的可靠性而投入的资金和努力（Sting和Huchzermeier，2010）。库存缓解策略包括持有库存以满足必须的需要，这是管理供应不确定性的一种手段（Tomlin，2006）。

（2）流程灵活性允许调整产品的位置、数量、类型和设计，以满足物流的供应和需求。这类灵活性包括生产灵活性（也称生产对冲），它将特定产品的生产数量在位于不同货币区的工厂之间转移，以降低汇率风险（Kazaz等，2005）；相反，产品灵活性指的是在一个地点生产多种产品（Van Mieghem，2007）。模块化是指使一个最终产品的组装基于标准化零部件（Ernst和Kamrad，2000）的产品设计，使最终产品的装配基于标准化元件。投放灵活性包括推出新产品的自由度和用新品种扩展现有产品线的程度（Vickery等，1999）。

（3）需求灵活性改变了产品或服务的需求时机、地点、类型和战略市场的选择。需求转移将客户的需求跨越时间、市场和产品进行转移。例如，航空公司提供的提前购买折扣，使客户可以获得价格折扣，促使客户预订和付款。一方面，客户可以通过预订享受价格优势；另一方面，航空公司能够受益，因为客户的预订减少了其需求的不确定性。企业也可以采用"响应式定价"，将一种产品的需求转变为一种替代产品（Chod和Rudi，2005）。需求转移的另一个例子是生产"时尚品"的公司。因此，一家滑雪服制造商在两个销售季节互不重叠的市场开展运营：欧洲和北美的冬季销售季节是12月至次年2月，而大洋洲的冬季销售季节是6—8月。企业可以采用集中生产战略，由于是规模经济，成本较低，也可以采用成本较高的离散生产战略。该公司也可以利用转让定价解决两个市场在销售季节上的差异，这种战略可以抵消离散生产的不足（Kouvelis和Gutierrez，1997）。

分配期权是指将产品配送到特定的市场以应对之前不确定而现在明确了的结果，如需求和汇率（Ding等，2007）。售后服务期权是在产品购买后提供的客户支持和维护服务（Kim等，2007）。进入/退出期权是指为了降低需求风险和价格风险而开发新市场、撤回产品、停产或退出市场的策略。

（4）网络灵活性将前三种运营对冲组合在一起。一方面，供应链网络期权通过改变单一产品的生产能力和供应、处理、分销环节，提供了运营灵活性；另一方面，网络配置调整在多产品布局中涉及各种供应、处理和存储点的生产网络（Tomlin 和 Wang，2005；Van Mieghem，2007）。

协调期权是通过契约或信息共享来协调供应链成员的激励机制。人们设计了各种类型的供应契约来协调分散型供应链，使集中型供应链的利润绩效基准更易于实现。比如说批发价合同的单价是固定的，买方保留收入，任何多余的库存都可以按预先规定的价格回购。回购合同是一种退货政策，制造商据此以单位价格"回购"零售商商定的一部分过剩库存。在期权合同中，买方预先支付预订价格，并通过支付单位执行费来执行该供应期权。期权合同与无限回报回购合同的唯一区别在于回购合同涉及供应商和买方之间的双向运输过程。收入分成合同允许零售商从较低的预付批发价中获益，尽管零售商必须将每个租赁产品的租金支付给制造商。以数量为基础、以最低订购量为特征的合同，使买方能够在必要时及在一定范围内调整其订单。读者可以参考一篇优秀文献，在该文献中 Cachon（2003）对供应链契约分析进行了回顾。另一种协调期权是信息共享，它可以使牛鞭效应（即需求变异性从客户向上游供应商增加）最小化，从而优化供应链利润。整合期权旨在通过并购（Nagurney，2009）或信息技术资源投资（Rai 等，2006）来同步供应链网络中的信息流、物流和资金流。逆向物流所带来的网络灵活性包括产品生命周期内闭环供应链的设计、执行和监控，包括从退货中回收价值（Guide 和 Van Wassenhove，2009）。

（5）时机灵活性侧重于供应链流程的时间维度。提前灵活性是指为了使产品供应与需求相匹配而进行的运营决策的战略提前。例如，快速响应可以使时装零售商缩短提前期，从而大部分产品可以根据客户的需求进行销售（Fisher 和 Raman，1996）。期权合同允许事前预订和事后执行过剩产能（Donohue，2000）。此外，从远期和现货市场采购商品，通过区分数量决策的时机使公司具有运营灵活性（Kouvelis 等，2013）。延迟灵活性是指将产能投资、生产数量和/或定价决策推迟到不确定性被认识到之后（Van Mieghem 和 Dada，1999）。公司甚至可以改变产品的设计，以实现差异化的延迟，也就是说，为特定市场定制通用产品的时间（Lee，1996）。例如，惠普公司通过推迟产品差异化的时间重新设计了它的 DeskJet 打印机。因此，惠普现在生产并将通用打印机运送到不同地区的分销中心，然后，根据每个中心服务的具体市场，对这些通用打印机进行定制。因此，惠普公司的通用打印机是依照"按库存生产"系统生产的，而特定国家的打印机是依照"按订单生产"方式定制的。这种延迟策略使惠普能够快速有效地应对需求的变化（Lee 和 Targ，1997）。

（6）灵活性组合是一种整合前面讨论过的五种灵活性的机制。类别间组合是将不同类别之间的灵活性结合起来。这样，根据延迟灵活性和模块化的采用程度，可以确定四种不同的供应链结构（Ernst 和 Kamrad，2000），详见图 3 - 2。类别内组合就是将一个特定类别内的灵活性结合在一起。例如，可以整合多源采购、应急供应和库存缓解策略来降低供应中断的风险（Tomlin，2006）。

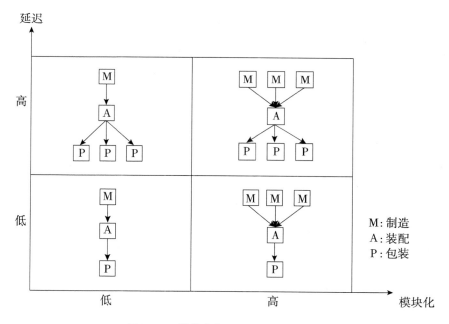

图 3 - 2　模块化与延迟的灵活性组合

注：改编自 Ernst 和 Kamrad（2000）。

3.3　离散的供应风险管理

当供应链是集中的时候，可以很好地协调业务部门的动机从而优化整个企业的价值。然而，在实践中　大多数供应链在离散的环境中由各种利润最大化的实体组成。因此，供应链合作伙伴之间的动机不协调可能导致供应商和买方之间的横向竞争，也可能导致供应商和买方之间的纵向竞争和信息不对称。在双源采购的背景下，供应商竞争和多样化的好处可能以各种方式相互作用。为了说明这些相互作用的影响，我们接下来举一系列改编自 Aydin 等（2012）的例子。

例1，考虑一条由一个买方和两个潜在供应商组成的供应链。买方为 d 个单位的市场需求服务，产品销售的单价为 r。供应商1和供应商2的单位生产成本分别为 c_1 和 c_2，且 $c_1 < c_2$。这两个供应商位于不同的市场，所以不存在相互之间的价格竞争。对任何一个供应商来说，中断的可能性都是 α。在中断的情况下，总订货量将无法满足，否则，将提供所有的订货量（这称为"全有或全无"）。买方有足够的市场力量来确定批发价格，与供应商1和供应商2的批发价分别为 w_1 和 w_2。每个供应商的最低利润为零，即供应商接受任何不低于其生产成本的批发价。在本例中，对于以利润最大化为目标的买方而言，设定一个等于供应商各自生产成本的批发价格是最优的，即 $w_1 = c_1$ 和 $w_2 = c_2$。

例1（a），这里我们假设两个供应商中断之间存在完美的正相关关系，即供应商中断的相关系数 $\rho = 1$。这两个供应商的可用产能要么都是上升的，要么都是下降的。因此，向两个供应商都下订单买方并不会从中受益——换句话说，多样化没有价值，因为供应中断是完全相关的。在本例中，买方将选择接受较低批发价的供应商，因此，买方更愿意从供应商1采购，因为它的生产成本较低。买方向供应商1下 q_1 数量订单的期望利润为

$$\pi_b^{1a} = (1 - \alpha)r\min\{d, q_1\} + \alpha\min\{d, 0\} - c_1 q_1$$

此情况下与这两个供应商的最优订货量是 $q_1 = d$ 和 $q_2 = 0$，且买方的最优期望利润可以写成：$\pi_b^{1a*} = [(1 - \alpha)r - c_1]d$。

例1（b），相比之下，现在假设供应中断是完全独立的，即中断的相关系数 $\rho = 0$。因此这两个供应商的生产线下降的可能性是 α^2，一个供应商的生产线下降而另一个供应商的生产线上升的可能性是 $\alpha(1 - \alpha)$，两个供应商的生产线都上升的可能性是 $(1 - \alpha)^2$。那么，买方在分别向供应商1和供应商2订购数量为 q_1 和 q_2 时的期望利润为

$$\pi_b^{1b} = (1 - \alpha)^2 r\min\{d, q_1 + q_2\} + \alpha(1 - \alpha)r\min\{d, q_1\} +$$
$$\alpha(1 - \alpha)r\min\{d, q_2\} + \alpha^2 r\min\{d, 0\} - c_1 q_1 - c_2 q_2$$

在这种情况下，如果买方订货数量 $q_1 = d$ 且 $q_2 = 0$，那么它的期望利润是 $\pi_b^{1b} = [(1-\alpha)r - c_1]d$，或与例 1（a）的最优情况相同。由于供应中断是独立的，这可能有利于买方实施供应商多样化。如果买方向每个供应商都订购 d 个单位，那么它的期望利润是

$$\pi_b^{1b} = (1-\alpha)^2 r \min\{d, 2d\} + 2\alpha(1-\alpha) r \min\{d, d\} +$$
$$\alpha^2 r \times \min\{d, 0\} - c_1 d - c_2 d$$
$$= [(1-\alpha)^2 r + 2\alpha(1-\alpha)r - c_1 - c_2]d = [(1-\alpha^2)r - c_1 - c_2]d$$

买方期望利润的价值增量是

$$\Delta = \pi_b^{1b} - \pi_b^{1a*} = [(1-\alpha^2)r - c_1 - c_2]d - [(1-\alpha)r - c_1]d = \alpha(1-\alpha)rd - c_2 d$$

因此，只要收入增量超过双源采购的额外成本，买方就会较有利。也就是说，如果 $\alpha(1-\alpha)rd > c_2 d$，相对于只从供应商 1 采购获得的最佳利润，这种价值增值是由双源采购的多样化效益带来的。

总之，如果供应中断不是完全相关的，那么为了从多样化中获益，买方应该采用多源（这里是双源）而不是单一采购来源。不管有关风险规避的假设是什么样的，风险管理和多样化都可能是有价值的。当最大化（最小化）目标函数是凹（凸）的，多样化的好处将是显而易见的（Froot 等，1993）。多样化的价值随供应中断的相关性 ρ 的增加而降低。与财务组合管理中的多样化收益类似，当供应中断完全正相关时，运营多样化没有收益。

例 2，我们现在假设，在其他条件不变的情况下，供应商在一个市场上运营，因此在定价时相互竞争。

例 2（a），如果供应中断是完全正相关（即 $\rho = 1$），那么两个供应商的生产线是同时向上或向下的。因此，由于当时多样化的收益为零，于是买方选择单一来源从批发出价较低的供应商那里采购。在伯特兰德（Bertrand）价格竞争模型中，供应商通过奉低批发价来争取买方的总订购量。在此情况下，供应商 1 以比 c_2 略低的批发价中标，即对于 $\Delta > 0$，$w_1 = \lim_{\Delta \to 0}(c_2 - \Delta)$。供应商 2 无法以这个批发价供货，因为它无利可图（供应商 2 的单位生产成本 c 较高）。买方从供应商 1 处订购数量 q_1 的期望利润为

$$\pi_b^{2a} = (1-\alpha) r \min\{d, q_1\} + \alpha r \min\{d, 0\} - w_1 q_1$$

因此，每个供应商的最优订购数量 $q_1 = d$ 和 $q_2 = 0$ ，且买方的最优期望利润为 $\pi_b^{2a*} = \lim_{\Delta \to 0}[(1-\alpha)r - c_2 + \Delta]d$ 。与例 1（a）相比，买方的利润减少了 $\pi_b^{1a*} - \pi_b^{2a*} = \lim_{\Delta \to 0}(c_2 - c_1 - \Delta) > 0$ 。买方的期望利润下降是由于伯特兰德竞争，其中，供应商 1 的批发价格上涨了。

例 2（b），如果供应中断是不相关的（即 $\rho = 0$ ），那么买方最优订购数量取决于供应商的批发价格。当两个供应商以 $w_1 = w_2 = ra(1-a)$ 的批发报价时，买方不在乎单一采购还是双源采购。因此，在这个伯特兰德竞争中均衡批发价是 $w_1 = w_2 = ra(1-a)$ ，这表明某个供应商的价值增加，而其竞争对手价值减少。在这种均衡批发价下，一方面，买方将不会向任何出价高于 $ra(1-a)$ 或者 $ra(1-a) + \Delta$ （其中，$\Delta > 0$ ）的供应商采购；另一方面，如果一个供应商报价低于 $ra(1-a)$ 或者 $ra(1-a) - \Delta$ （其中，$\Delta > 0$ ），则该供应商将收到相同的订单数量，但期望利润将减少 Δ 。因此，两个供应商都没有偏离均衡批发价的动机。

鉴于这种均衡批发价，供应商 1 的期望利润是 $\pi_{S_1}^{2b} = [ra(1-\alpha) - c_1]q_1$ ，供应商 2 的期望利润 $\pi_{S_2}^{2b} = [ra(1-\alpha) - c_2]q_2$ ，且当供应商 1 和供应商 2 的订购数量分别为 q_1 和 q_2 时，买方的期望利润为

$$\pi_b^{2b} = (1-\alpha)^2 r \min\{d, q_1 + q_2\} + \alpha(1-\alpha)r \min\{d, q_1\} + \\ \alpha(1-\alpha)r \min\{d, q_2\} + \alpha^2 r \min\{d, 0\} - r\alpha(1-\alpha)(q_1 + q_2)$$

为了实行供应商多样化，买方从每个供应商订购 d 单位（ $q_1 = q_2 = d$ ），那么它的期望利润是 $\pi_b^{2b} = (1-\alpha)^2 rd$ 。该买方期望利润的价值变化是 $\Delta = \pi_b^{2b} - \pi_b^{2a*} = (1-\alpha)^2 rd - \lim_{\Delta \to 0}[(1-\alpha)r - c_2 + \Delta]d$ ，它建立的多样化的价值取决于双源采购时买方的期望利润与仅从供应商 1 采购时的期望利润的比较。

为了更加直观，我们在例 1 和例 2 中设置了参数值：$c_1 = 60$，$c_2 = 63$，$p = 300$，$\alpha = 0.4$，$d = 10$ 。那么，买方的期望利润是 $\pi_b^{1a*} = 1200$，$\pi_b^{1b} = 1290$，$\pi_b^{2a*} = 1170$，$\pi_b^{2b} = 1080$ 。

表 3 - 3 总结了这些结果。在例 1（a）和例 1（b）中，当供应中断的相关系数从 1 降到 0 时，供应商多样化的效益增加了 90（即在没有供应商价格竞争的情况下）。但是，在例 2（a）和例 2（b）中，多样化的好处被供应商的价格竞争所抵消（超过），因此买方的期望利润减少了 90。结果表明，供应商多样化和价格竞争会产生相反的效果。在例 2 中，价格竞争的存在使供

应商批发价格从生产成本增加到 $r\alpha(1-\alpha)$，超过了多样化收益的价格通胀效应。简言之，在传统财务组合优化中观察到的多样化价值适用于例 1，但在例 2 中，由于供应商价格竞争，情况正好相反。

表 3-3　　　　　　供应商竞争与中断相关性间的相互作用

例子	相关	竞争	期望利润
1（a）	√		1200
1（b）			1290
2（a）	√	√	1170
2（b）		√	1080

例 3，考虑一条由一个买方和两个供应商组成的供应链。两个供应商在总成本英式反向拍卖中竞争，以赢得买方的订单。两个供应商的单位生产成本分别为 c_1 和 c_2，且买方不知道，但它知道各自的单位运输成本为 t_1 和 t_2。在总成本英式反向拍卖中，两个共应商分别以批发价 w_1 和 w_2 轮流投标，然后买方比较总单位成本（即在计入运输成本后）。总成本对两个供应商都是可见的。如果没有供应商愿意出较低的批发价，那么总成本较低的投标人就会与买方签订合同。

例 3（a），我们现在假设买方在德国，两个供应商都来自中国。在这种情况下，两个供应商的单位运输成本都是一样的，即 $t_1 = t_2$。在之前的例子中，供应商 1 的单位生产成本低于供应商 2，即 $c_1 < c_2$。因此，供应商 1 将以略低于供应商 2 的生产成本的批发价中标。也就是说，$w_1 = \lim_{\Delta \to 0}(c_2 - \Delta)$（其中 $\Delta > 0$）。买方的总成本是

$$TC_b^{3a} = w_1 + t_1 = \lim_{\Delta \to 0}(c_2 - \Delta) + t_2$$

例 3（b），为了使供应商多样化和降低运输成本，该德国买方现在与不同国家的供应商进行总成本英式反向拍卖：供应商 1 来自东欧，供应商 2 来自中国。在这种情况下，供应商 1 的运输成本低于供应商 2（$t_1 < t_2$）。由于供应商 1 的生产成本低于供应商 2（$c_1 < c_2$），因此从供应商 1 处采购的总成本低于从供应商 2 处采购的总成本，也就是说，$TC_1 = w_1 + t_1, TC_2 = w_2 + t_2$，$TC_1 < TC_2$。在总成本英式反向拍卖中，通过以批发价投标从而使总成本略

低于供应商 2 可能达到的最低总成本，供应商 1 将中标，即 $w_1 = \lim_{\Delta \to 0}(c_2 + t_2 - \Delta) - t_1$，其中，$\Delta > 0$。因此，买方的总单位成本是 $TC_b^{3b} = w_1 + t_1 = \lim_{\Delta \to 0}(c_2 + t_2 - \Delta)$。

　　与例 3（a）比较，尽管供应商多样化，但买方的总成本保持不变。虽然用一个东欧的供应商取代中国供应商可以减少运输成本，但由此产生的成本优势被总成本英式拍卖的价格竞争所抵消，其中，供应商 1 可以增加其批发价格，前提是单位总成本低于供应商 2。类似于例 2，买方使供应商多样化所带来的好处被供应商之间的价格竞争所抵消了。因此，当一个供应商的运输成本更高时，另一个供应商就可以提高批发价来获得"意外之财"——这对买方不利。

　　例 1 至例 3 可以证实，供应商多样化和价格竞争在买方利润优化中是相互冲突的。这一结果引出了一个有趣的问题：买方是否有办法既获得供应商多样化的好处，又获得供应商竞争带来的价格优势？答案是肯定的——至少对于建立了包含四个供应商的供应商基础的买方来说是这样，其中两个地理集群各包含两个供应商。在一个特定的集群内，供应商中断将表现出很强的相关性，即来自同一地区或国家的供应商可能遭受相同的自然灾害、金融风险和政治不稳定影响，与此同时，这些供应商在批发价格上相互竞争。但由于不同集群中供应商中断的相关性不强，因伯特兰德竞争，买方可以获得价格优势。

4 跨国公司整合风险管理

本章综合了整合风险管理的概念框架和实证研究。首先，比较了整合风险管理（IRM）和企业风险管理（ERM）的框架。其次，讨论定量优化中的风险态度和目标制定。最后，提出了各种风险度量指标，并根据风险处理方法对风险管理策略进行了分类。

4.1 整合风险管理：概念和框架

OFI 的闭环视角（见 1.1 节）产生了风险管理的两个概念：组织间供应链风险管理以及跨职能的企业风险管理。

在本节中，我们将详细阐述整合风险管理的框架，并将整合风险管理的概念框架与企业风险管理进行比较。在之前的章节中，我们将整合风险管理定义为"对企业中跨职能部门和跨供应链伙伴的运营与金融风险管理进行的联合分析、整合和优化"。因此，企业风险管理被定义为"受一个实体的董事会、管理层和其他人员影响，应用于战略制定和整个企业，旨在识别可能会影响该实体的潜在事件，在其风险偏好范围之内管理风险，从而合理保证实体目标实现的一个过程"（COSO，2004）。Chapman（2006）提供了一个更简洁的定义，将企业风险管理描述为"一个系统的过程，该过程嵌入在一个公司的内部控制系统（涵盖所有经营活动）中，以满足那些受董事会影响的政策需要，旨在实现其经营目标，保障股东投资和公司资产的安全。"

整合风险管理从输入开始，包括风险管理目标、风险数据以及企业和供应链环境方面的信息。风险管理有两类目标：一是战略目标，即符合企业愿景和创造股东价值的长期目的（由 C 级管理层设定）；二是战术目标，这是短期目的（基于绩效指标），确保公司的运营与财务走在正轨上。战术目标通常根据诸如库存周转率、服务水平、销售收入、投资回报等关键绩效指标

（KPI）来确定。收集风险数据以评估风险敞口及其可能性和潜在影响，这些数据为定量风险管理奠定了基础。我们用供应链的联系、竞争环境、公司的市场份额及其组织结构、行业标准和法规描述公司的环境。以上信息都是持续更新的，以便公司能够及时发现和响应不确定性来源、环境和目标的变化。

风险识别包括对不确定性来源的详查、分类和记录。这些不确定性来源可以分为三个层次：环境不确定性、供应链不确定性和企业特有的不确定性（Miller，1992）。环境不确定性由以下几个因素驱动：政治动荡，政策不确定，通货膨胀、利率和汇率等宏观经济变量，恐怖主义和抗议等社会因素以及自然灾害。供应链不确定性反映了要素市场的不确定性、产品市场的不确定性以及与当前竞争对手和新进入者相关的竞争因素；企业特有的不确定性是指与企业内部运营相关的风险，与企业自身产品相关的环境风险，研发过程中的创新风险、信用风险以及与利益相关者行为相关的不确定性。所有这些不确定性来源都会影响企业，从而引发运营与金融风险。在识别了这些运营与金融风险之后，可以发现它们之间的三种相互依赖关系（见1.3节）。然后，公司可以考察包含在可行性、权衡和结构中的10个维度的整合，决定什么时候同步运营与金融是最优的（见1.4节）。这一考察使公司能够根据已识别的风险和已满足的整合条件，选择运营对冲和金融灵活性策略（见1.5节）。最后，运营与金融的综合优化包括进行关系分析（见1.6节）和方式选择（见2.1节）。

整合风险管理的四步"瀑布"模型的各组成部分通过迭代验证和修改过程相互连接。该过程确保风险管理各流程的实现与原始设计保持一致，并根据即时反馈调整初始计划。一旦通过跨职能单位的部署落实了风险管理策略，整个过程就可以在组织的各层级得到监控和审查（根据选定的绩效指标）。通过验证或定期更新输入参数，可以将持续改善与风险识别联系起来。整合风险管理框架就是要产生这样的结果：有助于企业竞争优势形成以及风险管理目标成功实现的协调良好的运营与金融互动。

由美国国会COSO委员会（The Committee of Sponsoring Organizations of the Treadway Commission）设计的企业风险管理框架，可描绘成一个由4类目标（战略、运营、报告和合规性）、8个风险管理流程要素以及从前往后第三维的4个组织层次（从实体层到子公司层）生成的三维立方体。该框架侧重于企业风险管理的整体性、一致性和战略的"级联"。这里，风险管理流程包括内部环境、目标制定、事件识别、风险评估、风险应对、控制活动、信息和沟通以及监控。企业风险管理的目标是优化何时以及在多大程度上接受、共享或减轻不确定性，达到增加利益相关者价值的目的。

Chapman（2006）提出的企业风险管理框架将企业风险管理视为风险和机会管理的迭代过程，包括四个主要功能：①政策制定，包括创建愿景、使命、价值和文化；②战略思维，即通过评估企业内部资源和外部市场条件来确定企业的方向；③监督管理，即监督和审查执行过程；④责任，即向利益相关者负责。

我们将整合风险管理框架与国际标准化组织（ISO）的一般风险管理框架、COSO 和 Chapman（2006）的企业风险管理框架进行比较时，发现整合风险管理框架强调的是评估运营与金融的相互依赖性，从而在满足整合条件时能够联合优化这两个职能。相比之下，企业风险管理框架侧重于公司、经营单位、职能和子公司各层次的政策制定和战略级联。

4.2 整合风险管理：目标和指标

风险与不确定性的来源和随机性的概念相关，这些是概率论的核心。我们默认本书的读者熟悉概率和统计的基本概念。在定量整合风险管理中，采用了多种风险测度指标和效用函数。两个常用的测度指标是方差和标准差。

$$方差 = \mathbb{E}\left[\overline{X} - X\right]^2 = \delta^2$$

$$标准差 = \delta = \sqrt{\mathbb{E}\left[\overline{X} - X\right]^2}$$

这两个风险指标是对称的，因为它们对上行潜力和下行风险一视同仁。相比之下，下行风险指标只反映了不确定性带来的不良后果。这类指标有三种（Nawrocki，1999）：

$$均值半方差 = \mathbb{E}\left[(\overline{X} - X)^+\right]^2$$

$$目标\, t\, 半方差 = \mathbb{E}\left[(t - X)^+\right]^2$$

$$期望目标\, t\, 风险 = \mathbb{E}\left[t - X\right]^+$$

这里，$X^+ = \max\{X,0\}$。还有一个常见的下行风险指标是风险价值（VaR），它定义了在给定的置信水平下（例如，95%或99%），核心企业可能遭受的最大损失。

我们用 $(\Omega; \mathbb{F}; P)$ 表示概率空间，包含滤子 $\mathbb{F}$ 和概率 P。基于不确定因素的损失函数 L 表示为 $L:\Omega \to \mathbb{R}$。假设随机向量 y 由 P 控制并且独立于决策变量向量 x。对于一个给定的向量 x，损失函数 $l(x)$ 不超过阈值 α 的概率是 $\Psi(x,\alpha) \triangleq \int_{l(x)\leq\alpha} f(y)\mathrm{d}y$。对于一个给定的置信水平 $\beta \in (0,1)$ 和一个固定的决策向量 x，定义风险价值为

$$VaR_\beta(x,y) \triangleq \min\{\alpha \in \mathbb{R} \sim \Psi(x,\alpha) \geq \beta\}$$

例如，假设汇率风险的 VaR 由以下参数定义：95%置信水平、3%的预期损失和一年的时间段。在这个例子中，如果一家公司在外汇市场上投资了 1 亿美元，那么有 95%的概率该投资在未来一年内不会使公司损失超过 300 万美元。换句话说，这个投资组合该时期在 5%（即100%减95%）的概率下的风险价值为 300 万美元，或损失 300 万美元的概率只有 5%。

一个密切相关的下行风险测度指标是条件风险价值（CVaR），它可以被视为 VaR 的补救措施。条件风险价值是在一定条件下低于 VaR 阈值的最坏情况损失的平均值。如果置信水平保持不变，那么 VaR 就是 CVaR 的下界。用公式表示为

$$CVaR_\beta(x,y) \triangleq \frac{1}{1-\beta} \int_{l(x,y)\geq VaR_\beta(x,y)} l(x,y)f(y)\mathrm{d}y$$

在制定核心企业的各种目标时，这里描述的风险指标可以用来进行风险回报分析。为此，我们先将风险指标用风险厌恶指数加权，然后再将收益函数与该风险指标结合起来。因此，一个均值方差（MV）目标函数可定义为

$$MV = \mu - \frac{\gamma}{2}\sigma^2$$

这里 μ 是期望值，$\gamma > 0$ 是绝对风险厌恶系数。随着 γ 的增加，MV 目标对方差变得更加敏感。均值方差偏好是现代金融投资组合管理的核心，启发人们采取新的运营策略缓解风险。1952 年，诺贝尔奖得主哈里·马科维茨（Harry Markowitz）首次提出了这一观点。MV 目标有两个关键的好处。一是它

可以很容易地基于可测量的参数实现；二是即使决策者的效用函数存在模糊性，它也能产生"好的建议"（Van Mieghem，2003）。

当收益函数是正态分布时，均值方差目标等价于期望的指数效用：

$$u(x) = 1 - e^{-\gamma x}$$

当绝对风险厌恶系数 γ 增加时，指数效用函数变得更凹，因此对下行偏差更敏感。随着指数效用凹度的增加，风险厌恶型决策者更倾向于降低单位下行风险，而不是增加单位上涨潜力。相反，风险中性的决策者拥有线性效用函数，因此只关心实际结果的期望值，如利润和成本函数的值。

4.3　整合风险管理：跨国公司的战略规划

在这一节中，我们通过组织经济学和战略管理理论的联系，提出了一个整合跨国公司运营与金融的战略规划框架。表4-1显示了跨国公司整合运营与金融风险管理的战略规划，包括三个维度、五个流程和相应的方法。

表4-1　　　　　　　　　跨国公司运营—金融整合战略规划

维度	动机（为什么）		设计（什么）		机制（如何）
流程	环境	产业	资源	战略	结构和活动
方法	PEST 分析，一般环境不确定性	波特的五力模型，产业不确定性	资源观，闭环观	运营与金融整合，关系矩阵	集中/离散，全球整合/本地响应
文献	Schmieder - Ramirez 和 Mallette（2015），Miller（1992）	Forter（1985），Miler（1992）	Barney（1991）	表 2 - 3 和表 3 - 1	表 4 - 2，Ghoshal 和 Nohria（1993）

三个维度包括动机、设计和机制，探讨了三个基本问题。为什么跨国公司要采用整合风险管理？根据跨国公司的资源，应采用什么样的运营策略和金融工具？如何实现运营与金融的整合优化？

（1）运营风险与金融风险的共存和相互依赖激励着跨国公司实施整合风险管理，这已经在1.3节中详细阐述。宏观环境因素可以通过 PEST（政治、经济、社会文化和技术）分析来确定（Schmieder - Ramirez 和 Mallette，

2015），而波特五力模型可以用来分析产业竞争中的微观环境因素（Porter，1985）。

（2）跨国公司环境下的整合风险管理可以从企业资源的角度来设计。根据资源理论，目标应该是通过评价核心企业的关键资源是否满足价值、稀缺性、不可模仿性和不可替代性的标准来建立可持续的竞争优势。换句话说，公司应该决定一种价值创造战略是稀有的，并且是既不能被竞争者复制也不能被竞争者替代的（Wernerfelt，1984；Barney，1991）。考虑到企业对运营策略[①]和金融工具的选择，可以使用关系矩阵来评估其资源是互补还是替代的。

（3）风险管理机制对组织结构的作用在于，企业的活动可以根据其战略选择进行集中或离散。根据全球整合程度和本地响应能力，将跨国公司环境分为四类：一是跨国环境，本地响应能力和全球整合程度这两种因素都处于高位；二是全球环境，只有全球整合程度这个因素处于高位；三是多国环境，只有本地响应能力处于高位；四是国际环境，以上两种因素都很低。风险管理机制关系到公司与部门关系。这种关系可以按照治理结构来分类：一是按既定权力和等级实现集中；二是通过官僚制度和程序实现正规化；三是通过具有共同目标和一致动机的管理人员的社会化实现规范的整合（Ghoshal 和 Nohria，1993）。

一个跨国公司的运营与金融整合风险管理的职能结构中，会计和金融部门应通过集中和部门审计来管理资本结构、会计和金融。其中，资产负债管理部门在企业关键资源基础上建立可持续竞争优势，直接关系到股东价值的长期创造；金融部门通过货币衍生品及部分根据公司经营现金流的共享信息来管理金融对冲；会计部门使用财务指标控制、审计和审查公司的运营绩效。因此，通过资本预算中的实体投资以及营销、销售过程中的收入管理，会计部门与运营和供应链部门相联系。运营和供应链部门通过分散和协调的方式管理产能投资、生产规划和配送物流。在供应链上游，供应商关系管理与产能和生产规划中的数量决策相关联；在供应链下游，客户关系管理与涉及营销和服务的产品分销相关联。

跨国公司面临着来自运营活动和金融变量的各种不确定性来源。在企业风险管理中有三类风险。第一类是信用风险，即借款人违约而收不到待偿款项的风险；第二类风险是市场风险，即由于股票和债券价格、利率和汇率，

---

① Strategy 既可以译为战略，也可以译为策略——译者注。

以及商品价格等市场因素的变化而引起的投资组合价值的变化。在货币风险管理中，汇率风险有三种类型：①经济风险，是指公司未来营运现金流的现值受汇率波动影响的程度，这种风险可以用金融对冲减轻；②交易风险，是指汇率变动对与应收（出口）和应付（进口）有关的合同现金流量的影响，这种汇率风险不仅可以通过金融对冲管理，还可以通过货币计价、提前和滞后的收付和/或公司的风险敞口净额管理；③换算风险，是指将外国子公司的资产和负债合并到母公司资产负债表中时，汇率对金融报告的影响。企业风险管理的第三类风险是运营风险，也叫操作风险，是由内部运营活动、人员和系统和/或外部事件造成的损失风险。在运营风险管理中，效率、效益和权益可以作为绩效标准。这里的"效率"指的是产出与投入的比率。因此，对于给定的投入量，较大的产出量对应较高的效率。"效益"是描述一个公司目标实现程度的术语（Otley，1999）。因此，即使生产是有效率的，但因为公司的产量占产能的比例高，就市场份额而言生产也可能不是有效的。这种情况体现在由于市场疲软公司必须降低产量的时候（Van Mieghem 和 Dada，1999）。"权益"是从股东的角度关注权益价值绩效。权益问题与董事会成员有关，他们必须决定是否可以实施风险管理计划（Cohen 和 Kunreuther，2007）。

在跨国公司的整合风险管理中，一个关键的问题是是否应该采用集中或分散的方法来实现运营与金融的优化。从组织经济学的角度来看，表4-2中列出并详细说明了跨国公司在整合运营与金融时，五个维度的方法选择。下面，我们依次讨论这五个方面。

表4-2　　　　　　　　跨国公司运营与金融互动优化的方法

维度	结构	启动	权衡	文献
组织结构	离散/协调	运营：产能、生产、分配 金融：会计、财政、资金	环境、产业特有以及企业特有的因素	Martinez 和 Jarillo（1989）
目标制定	离散/协调	运营：公司价值最大化；通过实物期权降低风险 金融：权益价值最大化；通过金融衍生品分担风险	职能、服务、交易导向	Lessard 和 Zaheer（1996）
动机协调	离散/协调	经营利润最大化；降低成本；规避损失；协调动机	协同的好处与协调的成本	Kleindorfer 和 Saad（2005）

维度	结构	活动	权衡	文献
知识管理	集中	跨部门知识转移（技术标准化）；跨职能知识扩散（跨专业培训）	专业化的好处与知识传播的成本	Kogut 和 Zander（1993）
信息管理	集中	内部审计制度；内部咨询/非正式沟通	整合的好处与基础设施/共享成本	Rai 等（2006）

（1）组织结构。大多数跨国公司将其运营与金融部门下放，但保持了两者之间的协调。两种类型的协调机制是显而易见的：正式方法和非正式方法。正式方法包括四点：一是部门化，即将活动分成职能单位；二是标准化，即建立正式的规章、程序和岗位说明；三是联合规划，如资金预算以及目标和战略的制定，以指导各部门的活动；四是绩效控制，不仅包括输出控制（基于报告归档）还包括行为控制（通过直接的个人监督）。非正式方法包括三点：一是各职能部门经理之间的横向关系或直接联系和任务分担；二是通过跨部门的个人接触进行信息共享的非正式沟通；三是基于公司价值和愿景的企业文化发展（Martinez 和 Jarillo，1989）。

（2）目标制定。跨国公司的运营单位通常侧重于增加公司价值或使期望利润最大化，而金融部门的目标是权益价值最大化。运营灵活性旨在通过持有实物期权来降低风险，以及通过与金融机构签订衍生品合约来对冲股票风险。跨国公司的金融部门、会计部门和财政部门在与运营部门进行互动时，会受到各种关于其作用的社会认知解释的影响。可以确定三种导向：一是"服务"导向，即金融部门对运营部门起辅助作用；二是"职能"导向，例如公司的金融部门在管理收入、现金流和资产负债表时，重点关注金融风险敞口；三是"交易"导向，即通过缓解风险来提高长期价值。这三个导向都值得注意，因为以牺牲其他导向为代价促进一个导向很可能导致效率低下。例如，以职能为主导的导向可能识别金融风险，却没有认识到会计部门模棱两可可能导致的竞争性风险（Lessard 和 Zaheer，1996）。

（3）动机协调。为了促进基于价值的管理和风险缓解的跨职能合作，需要协调各种动机。动机协调应该在跨国公司的职能部门和供应链合作伙伴中普遍存在。原因是整合风险管理只有通过各实体的共同合作才能得到优化。例如，金融部门和运营部门都应该使用绩效指标来引导竞争风险的战略对冲。基于企业的风险态度和目标制定，运营与金融同样应该有助于企业利润或效用的最大化，以及成本的最小化（Kleindorfer 和 Saad，2005）。

（4）知识管理。集中的知识转移和共享对于企业的各个部门以及供应链上的合作伙伴来说都是至关重要的。这种转移对于确保产品生命周期内跨部门或公司的技术标准化是必不可少的——尤其是在知识密集型行业，如制药行业。此外，知识扩散是跨职能单位成功进行跨专业培训的必要条件。从这个意义来说，可以将公司看作创造知识并将其转化为增值产品和服务的社区（Kogut 和 Zander，1993）。

（5）信息管理。旨在确保数据的一致性，以及跨职能和供应链实体的战略和运营信息的高速传递。数据一致性是指在公司的供应链上建立数据定义和信息共享的程度。正如我们前文阐述的，整合风险管理旨在同步公司内部和供应链伙伴之间的物流、资金流和信息流。物流与资金流的关键是建立一个有效的信息系统，实现各职能之间的实时沟通。因此，供应链相关的竞争优势是由企业处理信息的能力来决定的，这有利于内部审计和管理供应商和客户关系（Rai 等，2006）。

除金融工具估价机制视角和运营策略流程视角外，我们在此提出了基于风险处理的分类方式。基于匹类风险处理，表 4 - 3 详细列出了运营策略和金融工具。

表 4 - 3 运营策略和金融工具分类

风险处理	运营策略	金融工具	文献
风险承担 （投机）	赌一把，如完全在国外生产（经济风险）	根据金融专家/有价值的信息做出的准确预测，赌汇率等金融指数的变动（经济风险）	Stulz（1996）， Shapiro（2002）
	从单一供应商采购，如完全国外采购（交易风险）		
风险分担 （转移）	通过货币等风险分担合约，与供应商或买方分享或分担金融资产（如汇率）带来的收益或损失（交易风险）	通过远期、期货、期权、掉期等衍生品交易，对冲汇率或利率等金融风险（经济风险）	Kouvelis（1999）， Ding 等（2007）
	通过定价决策中的汇率等专递，转移金融风险（如货币风险）给供应商或客户		

续　表

风险处理	运营策略	金融工具	文献
风险降低 （多样化/ 灵活性）	设计一个分散的全球制造业网络，也称作"运营多样化"或"自然对冲"（经济风险） 在不同货币区的工厂之间转移生产，以利用各种场景，也称作"运营灵活性"（经济风险）	在各国进行金融资产多样化配置，以获得更稳定的回报和分散风险（经济风险）	Kogut 和 Kulatilaka（1994），Shapiro（2002），Van Mieghem（2012）
风险规避	供应合同的付款以国内/基本货币定价，如美元（交易风险） 通过并购，整合国外供应源（交易风险）	供应商建立货币储备/外币以用于支付（交易风险敞口）	Carter 和 Vickery（1988），Chowdhry 和 Howe（1999），Simchi - Levi 等（2003）

（1）风险承担。即企业不采用任何风险缓解策略，而是依赖某一特定场景。例如，如果一家制造企业只在国外生产或者只从国外供应商处采购，那么它的成本将以外币计价，因此它的利润将面临汇率风险。如果一家公司拒绝采用任何金融对冲工具，只是简单地假设一个金融指标将只朝着一个方向移动，那么它的现金流将受到该指标任何逆转的支配。风险承担可以被视为投机行为，这将使企业面临更大的经济和交易风险。

（2）风险分担。即通过合同将企业的风险转移给另一方的行为。例如，货币风险分担允许供应商将其交易中商定的汇率风险部分转移给买方。此外，金融衍生品合约（远期、期货、期权、掉期等）将金融指数风险从衍生品的买方（公司）转移到卖方（金融机构）。

（3）风险降低。旨在降低风险的可能性或后果的任何策略或行动。风险降低的一个很好的例子是制造企业在国内和国外市场都有业务，这被称为"运营多样化"或"自然对冲"。公司还可以在位于不同货币区的工厂之间转移产量，这叫"运营灵活性"。类似地，金融多样化降低了金融投资组合的经济风险。

（4）风险规避。适用于不确定性来源被永久控制或组织的风险敞口被完全消除的情况。例如，一家采购合同以本国货币计价的公司就消除了货币风险。如果买方为购买物资而储备外汇，汇率风险也可以避免。一旦买方收购了供应商，就不再有任何交易风险。

分担、降低和规避风险的策略都是主动的，如同在风和日丽的时候就为糟糕的天气做好准备那样。"一分预防胜似十分治疗"，因此，主动的风险管理远比事后应对风险发生的负面结果可取。与此同时，应对风险的策略——如应急计划和实时危机管理——在风险的不可预测性和模糊性日益增加的环境下至关重要。虽然这些基本的解决方案比临时产生的解决方案要好，但是在管理风险（如汇率的不确定性）方面可能是不正确的。风险管理是柄"双刃剑"，例如，风险规避既能降低下行风险，也能降低上行潜力。因此，风险降低的最佳程度常常取决于具体情况。对于严格意义上的下行风险，风险规避总是比风险降低或风险分担更有利。

4.4　整合运营与金融对冲

到目前为止，我们已经定性地讨论了整合运营与金融对冲的条件、流程和维度。为了量化联合运营对冲和金融对冲的价值，现在给出货币和商品风险管理的算例，这些例子改编自 Sodhi 和 Tang（2012）以及 Van Mieghem（2012）的研究。

例1，一家全球性的制造商在中国和美国都设有生产工厂，以满足各自市场的需求，其产品需求和汇率都是不确定的。该公司想知道是否应该进行金融对冲或运营对冲。单位市场价格在美国是 c 美元，在中国是 d 元；单位生产成本在美国是 e 美元，在中国是 f 元。假设需求状态与汇率相关，因此一个国家的市场需求越大，其货币就越有价值。有两种可能性相同的情况。

（1）美国的需求是 a 个单位，中国的需求是 b 个单位，$a > b$，且汇率是 $(\alpha - \beta)$ 美元/人民币；

（2）美国的需求是 b 个单位，中国的需求是 a 个单位，$a > b$，汇率是 $(\alpha + \beta)$ 美元/人民币。

方案 I：自然对冲。即该全球公司在当地市场生产和销售。因此，在两种场景下营业利润分别是

$$\pi_1^I = a(c - e) + b(d - f)(\alpha - \beta)$$
$$\pi_2^I = b(c - e) + a(d - f)(\alpha + \beta)$$

方案 II：自然对冲和金融对冲。该全球公司将自然对冲和金融对冲结合

起来，后者包括以 1 美元兑换 1 元人民币的价格出售 h 个单位的未来人民币。金融对冲的预期收益为零，不考虑较小的交易成本。此方案下两种场景的营业利润分别是

$$\pi_1^{\mathrm{II}} = a(c-e) + b(d-f)(\alpha-\beta) + h\beta$$
$$\pi_2^{\mathrm{II}} = b(c-e) + a(d-f)(\alpha+\beta) - h\beta$$

方案Ⅲ：运营对冲。该全球公司通过分配灵活性进行运营对冲。因此，它只在中国生产（场景 1），或者只在美国生产（场景 2）。两种场景下的营业利润分别是

$$\pi_1^{\mathrm{III}} = ac + bd(\alpha-\beta) - f(a+b)(\alpha-\beta)$$
$$\pi_2^{\mathrm{III}} = bc + ad(\alpha+\beta) - e(a+b)$$

方案Ⅳ：运营对冲与金融对冲。该全球公司将分配灵活性与金融对冲结合起来。在这种情况下，两种场景的营业利润分别是

$$\pi_1^{\mathrm{IV}} = ac + bd(\alpha-\beta) - f(a+b)(\alpha-\beta) + h\beta$$
$$\pi_2^{\mathrm{IV}} = ac + bd(\alpha+\beta) - e(a+b) - h\beta$$

方案Ⅴ：运营对冲和完美的金融对冲。该全球公司将分配灵活性和完美的金融对冲结合在一起，也就是说，对冲达到了零方差。此时两种场景下的营业利润分别是

$$\pi_1^{\mathrm{V}} = ac + bd(\alpha-\beta) - f(a+b)(\alpha-\beta) + h_p\beta$$
$$\pi_2^{\mathrm{V}} = ac + bd(\alpha+\beta) - e(a+b) - h_p\beta$$

在例 1 中，我们用 M 代表百万，k 代表千，设置以下参数值：$a = 2\mathrm{M}$；$b = 1\mathrm{M}$；$c = 3\mathrm{k}$；$d = 20\mathrm{k}$；$e = 1.5\mathrm{k}$；$f = 10\mathrm{k}$；$\alpha = 0.15$；$\beta = 0.05$；$h = 10\mathrm{kM}$；$h_p = 15\mathrm{kM}$。那么，我们就可以计算出以下结果。

$$\pi_1^{\mathrm{I}} = 2\mathrm{M} \times 1.5\mathrm{k} + 1\mathrm{M} \times 10\mathrm{k} \times 0.1 = 4\mathrm{kM}$$
$$\pi_2^{\mathrm{I}} = 1\mathrm{M} \times 1.5\mathrm{k} + 2\mathrm{M} \times 10\mathrm{k} \times 0.2 = 5.5\mathrm{kM}$$

方案Ⅰ的期望利润 $\mathbb{E}[\pi^{\mathrm{I}}] = 4.75\mathrm{kM}$，而其标准差 $\sigma^{\mathrm{I}} = 0.75\mathrm{kM}$。方案Ⅱ

的 $\pi_1^{II} = 4.5\text{kM}$，$\pi_2^{II} = 5\text{kM}$，期望利润 $\mathbb{E}[\pi^{II}] = 4.75\text{kM}$，而其标准差 $\sigma^{II} = 0.25\text{kM}$。方案 III 中：

$$\pi_1^{III} = 2\text{M} \times 3\text{k} + 1\text{M} \times 20\text{k} \times 0.1 - 3\text{M} \times 10\text{k} \times 0.1 = 5\text{kM}$$

$$\pi_2^{III} = 1\text{M} \times 3\text{k} + 2\text{M} \times 20\text{k} \times 0.2 - 3\text{M} \times 1.5\text{k} = 6.5\text{kM}$$

$$\mathbb{E}[\pi^{III}] = 5.75\text{kM}，且 \sigma^{III} = 0.75\text{kM}$$

方案 IV 中，$\pi_1^{IV} = 5.5\text{kM}$，$\pi_2^{IV} = 6\text{kM}$，$\mathbb{E}[\pi^{IV}] = 5.75\text{kM}$，且 $\sigma^{IV} = 0.25\text{kM}$。最后，方案 V 中，$\pi_1^{V} = 5.75\text{kM}$，$\pi_2^{V} = 5.75\text{kM}$，$\mathbb{E}[\pi^{V}] = 5.75\text{kM}$，$\sigma^{V} = 0$。

为了说明整合运营对冲和金融对冲的价值，我们对五种方案进行了均值—标准差分析，其中期望利润代表收益，标准差代表风险。该公司的目标函数可以表示为 $\mu = \mathbb{E}[\pi] - \lambda\sigma$，其中 $\lambda = 0.1$ 是风险规避系数。因此，五个方案的效用分别是 $\mu^{I} = 4.675\text{kM}$，$\mu^{II} = 4.725\text{kM}$，$\mu^{III} = 5.675\text{kM}$，$\mu^{IV} = 5.725\text{kM}$，$\mu^{V} = 5.75\text{kM}$。通过金融对冲从方案 I 转移到方案 II，在不影响期望利润的情况下降低了风险，增加了企业效用。而通过运营对冲从方案 I 转移到方案 III，在增加了期望利润和企业效用的同时却没有降低变化的风险。将运营对冲与金融对冲结合到方案 IV 和方案 V 中，既增加了收益，又降低了风险，在金融对冲方差为零的情况下，实现了企业效用的最优。

例 2，欧洲的一家农业公司种植和销售玉米，它面临着两种同样可能的年产量场景：

（1）当公司的产量高（$4a$ 蒲式耳）时，市场价格为 $2b$ 欧元。

（2）当公司的产量低（$2a$ 蒲式耳）时，市场价格为 $4b$ 欧元。

方案 I：不对冲。如果公司不采取任何行动，那么两种场景的收入都是一样的：$R_1^{I} = R_2^{I} = 8ab$ 欧元。因此，期望收入 $\mathbb{E}[R^{I}] = 8ab$ 欧元，标准差是 $\sigma^{I} = 0$。

方案 II：金融对冲。如果该公司通过商品衍生品采用金融对冲，即以每蒲式耳 $3b$ 的期货合约价格出售 $3a$ 蒲式耳玉米，那么，该公司在场景 1 的收入 $R_1^{II} = 3a \times 3b + a \times 2b = 11ab$ 欧元。在场景 2 的收入 $R_2^{II} = 3a \times 3b - a \times 4b = 5ab$ 欧元。因此，期望收入 $\mathbb{E}[R^{II}] = 8ab$ 欧元，且标准差 $\sigma^{II} = 3ab$ 欧元。这样，通过期货合同的金融对冲在不影响期望收入的情况下增加了变异性风险。

方案 III：整合金融和运营对冲。如果该公司采用运营对冲，在场景 1 会存储 1 蒲式耳的玉米并在场景 2 销售出去，如果我们忽略玉米变质和库存持有成本，那么，该公司两种场景的收入 $R_1^{\text{III}} = R_2^{\text{III}} = 9ab$ 欧元。期望收入 $\mathbb{E}[R^{\text{III}}] = 9ab$ 欧元，标准差 $\sigma^{\text{III}} = 0$。因此，整合运营与金融对冲不仅会带来更高的期望收入，而且还会降低变异性风险。

最后，我们对这三个方案进行了均值—标准差分析。如果该核心企业的目标函数与例1相同（即 $\mu = \mathbb{E}[\pi] - \lambda\sigma$ 且 $\lambda = 0.1$），那么例2的三个方案的效用分别是：$\mu^{\text{I}} = 8ab$，$\mu^{\text{II}} = 7.7ab$，$\mu^{\text{III}} = 9ab$。

5　整合风险管理与产能回流

在这一章，我们提供了一个涉及产能回流的整合风险管理分析模型。首先，回顾了全球制造业整合运营与金融风险管理的分析模型；其次，建立了一个全球供应链模型，并提出了运营灵活性与金融对冲的最优整合；再次，用分析和数值的方法研究了运营与金融之间的相互作用；最后，总结了本章的主要观点和今后的研究方向。

5.1　金融运营灵活性与金融对冲

在全球市场运作的跨国公司通常面临外汇波动、供应不确定性和需求风险（The Economist，2009）。中国和墨西哥等新兴经济体的成本和可靠性问题日益严重，导致企业迅速增加回流，以重建可靠的国内产能（de Treville 和 Trigeorgis，2010；Cohen 和 Lee，2015）。一个非营利性宣传组织的"回流倡议"报告称，包括福特、通用电气和通用汽车在内的美国主要企业正在将生产工厂迁往国内（Sauter 和 Stebbins，2016）。2010 年 1 月至 2016 年 6 月（Selko，2016），生产工厂的回迁为美国创造了约 26.5 万个就业岗位。类似地，运动服装集团阿迪达斯也决定将部分鞋类生产工厂转移回德国，其在安斯巴赫附近建立了一家高度自动化的工厂，既能满足超额需求，又能实现产品的后期定制，送货速度很快（Financial Times，2016）。这样的产能回流通常会形成一个由更多国内设施和有限的国外产能组成的生产网络。例如，汽车制造商戴姆勒现在不仅在中国生产 C 级轿车，还在德国不来梅和辛德芬根生产（Daimler，2014）。辛德芬根的工厂在环境上较为稳定，比不来梅的工厂更可靠。不来梅的工厂位于北海沿岸，因此在气候变化下面临洪水风险（European Commission，2009）。

除了加强其可靠的国内生产之外①，跨国公司还经常实行转换期权，将生产转移到不同国家（Kogut 和 Kulatilaka，1994；Huchzermeier 和 Cohen，1996；Kazaz 等，2005），以管理供需脱节和货币风险。此外，戴姆勒、福特和通用汽车等跨国公司通常使用金融衍生品来减少汇率波动的影响（Daimler，2016；Ford，2016；GM，2016）。生产转换与金融对冲的整合是文献中经常探讨的一个主题（Mello 等，1995；Chowdhry 和 Howe，1999；Hommel，2003；Ding 等，2007；Chen 等，2014）。然而，尽管产能回流在实践中普遍存在，但对其与生产转换和金融对冲之间的相互作用进行分析的研究却很少。

现有的文献已经研究了在风险中性环境下的整合生产转换和金融对冲（Mello 等，1995）或通过使用基于方差的风险度量模型进行了相关研究（Chowdhry 和 Howe，1999；Hommel，2003；Ding 等，2007；Chen 等，2014）。然而，包括均值—方差模型（MV）在内的这些衡量方法，对上行潜力和下行风险一视同仁。风险价值（VaR）是一种下行风险度量，它关注的是风险的概率，而不是风险的大小（Acerbi 和 Tasche，2002）。条件风险价值（CVaR）通过同时考虑风险概率和大小弥补 VaR 的不足，由此产生的风险度量是一致的，因为它实现了凸性、单调性、次可加性、平移方差和正同质性等公理（Artzner 等，1999；Choi 等，2011）。因此，我们采用 CVaR 作为一致的风险指标。在实践中，CVaR 约束可以应用于三种情况：当一个投资机会需要内部资金时（Froot 等，1993），当股东对盈利能力设定了一个较低的界限时（Hommel，2003），或者当长期贷款与违约风险挂钩时（Gamba 和 Triantis，2014）。虽然 CVaR 已经在运营中被采用（Tomlin 和 Wang，2005；Gotoh 和 Takano，2007），但均值—CVaR 在整合运营与金融对冲方面受到的关注较少，尽管它在金融领域非常流行（Chen 等，2012；Iyengar 和 Ma，2013）。

总之，本章试图通过研究以下三个问题填补这些文献中的空白。

（1）哪种风险管理工具能更有效地缓解货币及脱节风险？

（2）如何在职能分散的跨国公司实施均值—CVaR 架构？

（3）在均值—CVaR 下，产能回流、生产转换和金融对冲之间的关系是什么？

为了回答这些问题，我们考察了一家采用产能回流、生产转换和金融对

---

① 在本章中，我们交替使用"可靠的国内生产"和"产能回流"这两个术语。

冲来管理供需脱节和汇率风险的全球制造商。应用 Krokhmal 等（2002）提出的均值—CVaR 优化，我们将跨国公司的运营与金融分解为：运营部门在 CVaR 约束下实现预期利润最大化，而金融部门则在最小预期利润下专注于金融对冲以实现 CVaR 的最小化。首先，运营灵活性与金融对冲之间的互补性主要来自盈利能力的增强。运营灵活性驱动盈利能力，降低下行风险，而金融对冲使下行风险最小化，且可通过 CVaR 约束间接改变产能的可能组合。其次，运营灵活性和金融对冲在降低风险方面是相互替代的。由于运营的灵活性，金融期权只能对冲罕见和极端的汇率，因为实物期权有望产生更大的利润。当金融对冲不与运营灵活性结合使用时，它在降低 CVaR 风险方面更有效，而当用于满足国外（国内）需求时，产能回流和生产转换是互补的（替代的）。最后，运营部门和金融部门要相互配合，尽量减少替代效应。金融对冲的有效性取决于对运营灵活性所形成的现金流分布的准确估计。同时，CVaR 约束要求通过金融对冲来确定产能组合的可行集。

5.2　全球生产与产能回流、转换期权和金融对冲

本节介绍模型公式、时间轴和目标函数。我们认为一家全球性公司可以通过以下三种策略来降低随机产能、不确定需求和汇率波动带来的风险：可靠的国内生产、生产转换期权和通过货币衍生品进行的金融对冲。

图 5-1 描绘了全球性公司的生产网络。该公司提供一种产品，有两种国内产能 K_1、K_r 和一种国外产能 K_2。货币区 1 代表国内地区、货币区 2 代表国外地区。该公司首先决定在单位产能成本 c_i^k（采购来源 $i = 1, 2, r$）前提下产能订货数 $Q = (Q_1, Q_2, Q_r)^T \in \mathbb{R}_+^3$。

在整章中，我们用上标 T 表示移位。产能 K_i 可能是不可靠的，服从于比例随机产量因素 $R_i \in (0, 1]$，$i = 1, 2, r$。所有产能都有内生生产函数 $K_i = Q_i R_i$，$i = 1, 2, r$，因此，该全球公司可能只收到产能订购量的一小部分。国内产能 K_r 完全可靠（即 $R_r = 1$）。因此，$K_r = Q_r$。表 5-1 总结了概念和假设。

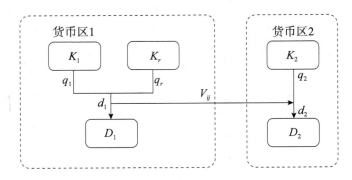

图5-1 全球性公司的生产网络

表5-1 概念和假设

符号	解释	假设
s	货币区2的汇率	$s = \dfrac{国内货币}{国外货币}, s \in [\underline{s}, \bar{s}]$
$e(\cdot)$	汇率分布的概率密度函数（PDF）	外源的，随机的；独立于 D_i
K_i	货币区 i（$i=1,2$）的普通产能	不可靠，拥有内生生产函数。$K_i = Q_i R_i$，且 $i=1,2$
K_r	货币区1的可靠（国内）产能	完全可靠。$K_r = Q_r$
R_i	产能 K_i（$i=1,2$）的比例随机产量	随机变量。$R_i \in (0,1]$
Q_i	采购源 i（$i=1,2,r$）下产能订货量	阶段1和决策变量。$\boldsymbol{Q} \in \mathbb{R}_+^3$
q_i	采购源 i（$i=1,2,r$）下产量	阶段2决策变量
c_i^k	采购源 i（$i=1,2,r$）下单位产能成本	$c_j^k < c_r^k, j=1,2$
c_i	采购源 i（$i=1,2,r$）下单位生产成本	$c_j < c_r, j=1,2$
v_{ij}	从货币区 i 转到 j 的产量	$i,j=1,2, i \neq j$

符号	解释	假设
c_{ij}^s	以目的地 j 的货币计算，一个生产单位从货币区 i 转到 j 的单位转换成本	外生的，确定的，$i,j = 1,2, i \neq j$
D_i	货币区 i（$i = 1,2$）的市场需求	外生的，随机的
$g_i(\cdot)$	市场 i（$i = 1,2$）需求分布的 PDF	外生的，阶段 1 中已知
$\boldsymbol{y}$	随机向量 $\boldsymbol{y} \triangle (\boldsymbol{K}, s, \boldsymbol{D})$	$\boldsymbol{y} \in \mathbb{R}^m$
$f(\cdot)$	汇率和供需匹配状态的联合分布密度函数	外生的，有支持 $\Omega_i(i = 1,2,\cdots,10)$
P_i	联合汇率和供需匹配状态 Ω_i 的概率	外生的，在阶段 1 中已知
d_i	货币区 i（$i = 1,2$）的产量	阶段 2 的决策变量。$d_i \leqslant D_i$
p_i	货币区 i（$i = 1,2$）的市场单位价格	外生的，$p_i > c_r > c_i, j = 1,2$
$H(\boldsymbol{h})$	金融对冲组合的收益	$\mathbb{E}[H(\boldsymbol{h})] = 0$
$\boldsymbol{h}_i$	货币远期或期权的大小向量，$i = f,p$	包括货币远期或期权
$C(\boldsymbol{h})$	金融对冲的总成本	包括佣金成本、交易费用和保证金要求
α	CVaR 的阈值	内生的，取决于 β
β	CVaR 的置信区间	内生的，确定的
λ	风险规避在均值—CVaR 目标的系数	$\lambda \geqslant 0$
ω	运营的 CVaR 约束	内生的，确定的
ρ	最小期望利润约束	内生的，确定的

欧元区 i（$i = 1,2$）的市场需求 D_i 是随机的，其概率密度函数（PDF）为 $g_i(\cdot)$。汇率 s 等于国内货币与国外货币之比，且 $s \in [\underline{s}, \bar{s}]$，假定其概率密度函数 PDF 为 $e(\cdot)$ 独立于需求率 D_i。汇率与供需匹配状态（即 s，K_i，D_i）的联合分布在 $\Omega_i(i = 1,2,\cdots,10)$ 支持下有密度函数 $f(\cdot)$。我们假设该全球

公司能够预估不确定性因素的分布，这意味着各个状态的概率 P_i 在事前是已知的。产能建起后，该公司就决定单位生产成本 c_i（$i = 1,2,r$）下的产量为 q_i。假设 $c_1^k < c_r^k$ 和 $c_1 < c_r$，因为想要国内产能和生产可靠需要花费更多（Tomlin，2006）。该全球公司拥有转换期权，将 v_{ij} 个产品从货币区 i 转移到货币区 j（$i,j = 1,2$ 且 $i \neq j$）。但是，执行这样的期权会产生单位转换成本 c_{ij}^s（以目标区域的货币计算）。然后，该公司决定其目标市场 $i = 1,2$ 的产出量为 d_i。市场 $i = 1,2$ 的销售价格 p_i 被假定是外源的，同时，条件 $p_1 > c_r > c_1$ 且 $p_2 > c_2$ 确保每个市场单位生产的概率。

以下是两阶段随机计划，以表征该跨国公司的运营与金融决策。在阶段 1（企业投资产能向量 Q 且金融对冲 h），该公司投资国内和国外的产能 Q 服从 CVaR 约束。该公司购买外汇远期或看跌期权的金融对冲合约，且 $h_i \in \mathbb{R}^n$（$i = f,p$）[1]是货币远期或期权的大小向量。当规划生产或转换活动时，公司有延迟灵活性（Van Mieghem 和 Dada，1999），这取决于对不确定性的认识。最后这一假设暗指在实践中观察到的产能或关键组成部分的承诺（见图 5-2）。

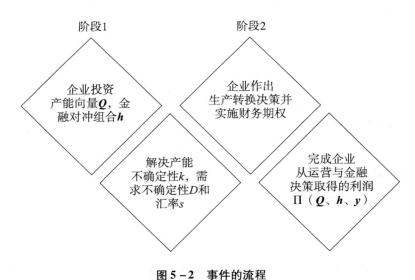

阶段1　　　　　　　　阶段2

企业投资产能向量 Q，金融对冲组合 h

企业作出生产转换决策并实施财务期权

解决产能不确定性 k，需求不确定性 D 和汇率 s

完成企业从运营与金融决策取得的利润 Π（Q、h、y）

图 5-2　事件的流程

在阶段 2（企业作业生产转换决策并实施财务期权），该全球公司了解到

---

[1]　这里 f 和 p 分别表示货币远期和货币看跌期权。为简明起见，在不混淆的情况下，h_i 有时简写成 h。

实际的产能 $\boldsymbol{K} = (K_1, K_r, K_2)$、需求 $\boldsymbol{D} = (D_1, D_2)$ 和汇率 s 后，决定生产量 $\boldsymbol{q} = (q_1, q_r, q_2)$ 和转换产量 $\boldsymbol{v}_{ij} = (v_{12}, v_{21})$。公司首先决定正常的产量，然后执行可靠的生产和转换期权，以使供应与需求相匹配。注意，金融对冲的期望收益假定为零（这是无套利条件）：$\mathbb{E}[H(\boldsymbol{h})] = 0$，其中 $\mathbb{E}[\cdot]$ 是期望算子。在无套利情况下，总的对冲成本（包括佣金、交易成本和保证金要求）等于金融对冲的支出：$\mathbb{E}[C(\boldsymbol{h})] = \mathbb{E}[R(\boldsymbol{h})e^{-\gamma t}]$。因此，公司的最终利润 $\Pi(\boldsymbol{Q}, \boldsymbol{h}, \boldsymbol{y}) = \Pi(\boldsymbol{Q}, \boldsymbol{y}) + R(\boldsymbol{h}, s) - C(\boldsymbol{h})e^{\gamma t}$。这里 $\Pi(\boldsymbol{Q}, \boldsymbol{y})$ 表示经营现金流，且随机向量 $\boldsymbol{y} \triangle (\boldsymbol{K}, s, \boldsymbol{D}) \in \mathbb{R}_+^m$。金融对冲的收益 $H(\boldsymbol{h}, s) = R(\boldsymbol{h}, s) - C(\boldsymbol{h})e^{\gamma t}$ 既反映了阶段 2 金融对冲的支出 $R(\boldsymbol{h}, s)$，也反映了阶段 1 的总对冲成本 $C(\boldsymbol{h})e^{\gamma t}$ [①]。γ 表示为国内货币（本币）的无风险利率，t 为阶段 1 至阶段 2 的时间间隔以及金融衍生品的到期时间。

为了构建目标函数，我们首先按照 Rockafellar 和 Uryasev（2000）的方法定义 CVaR。设 $(\Omega; \mathbb{F}; P)$ 为一个具有滤子 $\mathbb{F}$ 和概率 P 的概率空间。在我们的设置中，Ω 是概率空间，在此之上，定义了 $f(\cdot)$ 且 $\mathbb{F}$ 是汇率和供需状态实现的集合。不确定的结果（即损失函数）由一个可测函数 $L: \Omega \to \mathbb{R}$ 表示。我们指定各种可能函数的向量空间为 E，这里考虑 $E = l_\infty(\Omega; \mathbb{F}; P)$ 就足够了。鉴于联合运营与财务决策 $(\boldsymbol{Q}, \boldsymbol{h})$，我们可以将损失函数 $l(\boldsymbol{Q}, \boldsymbol{h}, \boldsymbol{y}) \triangle -\Pi(\boldsymbol{Q}, \boldsymbol{h}, \boldsymbol{y})$ 不超过阈值 α 的概率写成：$\psi(\boldsymbol{Q}, \boldsymbol{h}, \alpha) \triangle \int l(\boldsymbol{Q}, \boldsymbol{h}, \boldsymbol{y}) \leqslant \alpha f(\boldsymbol{y})\mathrm{d}\boldsymbol{y}$。

对于给定的置信水平 $\beta \in (0, 1)$，如 $\beta = 0.9$ 或 $\beta = 0.95$，以及固定决策 $(\boldsymbol{Q}, \boldsymbol{h})$，条件风险价值 $\mathrm{CVaR}_\beta[\boldsymbol{Q}, \boldsymbol{h}, \boldsymbol{y}]$ 定义为超过风险价值 $\mathrm{VaR}_\beta(\boldsymbol{Q}, \boldsymbol{h}, \boldsymbol{y}) \triangle \min\{\alpha \in \mathbb{R} : \Psi(\boldsymbol{Q}, \boldsymbol{h}, \alpha) \geqslant \beta\}$ 的损失的期望值，因此

$$\mathrm{CVaR}_\beta(\boldsymbol{Q}, \boldsymbol{h}, \boldsymbol{y}) \triangle \frac{1}{1-\beta} \int l(\boldsymbol{Q}, \boldsymbol{h}, \boldsymbol{y}) \geqslant \mathrm{VaR}_\beta(\boldsymbol{Q}, \boldsymbol{h}, \boldsymbol{y}) l(\boldsymbol{Q}, \boldsymbol{h}, \boldsymbol{y}) f(\boldsymbol{y}) \mathrm{d}\boldsymbol{y}$$

$$(5-1)$$

该跨国公司属于风险厌恶型企业，旨在实现以下目标函数的最大化

$$\max_{\boldsymbol{Q} \in \mathbb{R}_+^3, \boldsymbol{h} \in \mathbb{R}^n} \left\{ \mathbb{E}[\Pi(\boldsymbol{Q}, \boldsymbol{h}, \boldsymbol{y})] - \lambda \mathrm{CVaR}_\beta(\boldsymbol{Q}, \boldsymbol{h}, \boldsymbol{y}) \right\} \qquad (5-2)$$

---

① 为简明起见，此后我们用 $H(\boldsymbol{h})$ 和 $R(\boldsymbol{h})$ 来表示 $H(\boldsymbol{h}, s)$ 和 $R(\boldsymbol{h}, s)$。

s. t.

$$\mathrm{CVaR}_\beta(\boldsymbol{Q},\boldsymbol{h},\boldsymbol{y}) \leqslant \omega, \mathbb{E}[\Pi(\boldsymbol{Q},\boldsymbol{h},\boldsymbol{y})] \geqslant \rho, \mathbb{E}[H(\boldsymbol{h})] = 0$$

风险参数 $\lambda \geqslant 0$ 表示风险厌恶系数，即该企业用 CVaR 代替期望利润的比率。

5.2.1　策略定义和均值—CVaR 分解

接下来，我们根据运营灵活性和金融对冲的不同程度定义了六种策略，然后分解均值—CVaR 优化。

定义 5.1 如下：

（a）基本情况。指一个没有可靠的国内产能、生产转换或金融对冲的非灵活性企业（即 $K_r = v_{ij} = \boldsymbol{h} = 0$）。其他条件不变。

（b）只有可靠生产。表示有可靠的国内产能，但没有生产转换或金融对冲的部分灵活性企业（即 $K_r > 0$ 和 $v_{ij} = \boldsymbol{h} = 0$）。其他条件不变。

（c）只有转换期权。指可进行生产转换，但既没有可靠的国内产能，也没有金融对冲的部分灵活性企业（即 $v_{ij} \geqslant 0$ 和 $K_r = \boldsymbol{h} = 0$）。其他条件不变。

（d）全运营灵活性。指具有可靠的国内产能和生产转换，但没有金融对冲的完全灵活性企业（即 $K_r > 0, v_{ij} \geqslant 0$ 和 $\boldsymbol{h} = 0$）。其他条件不变。

（e）只有金融对冲。指采用金融对冲但不采用可靠的国内产能或生产转换的非灵活性企业（即 $\boldsymbol{h} > 0$ 且 $K_r = v_{ij} = 0$）。其他条件不变。

（f）整合风险管理。指采用可靠的国内产能、生产转换和金融对冲的完全灵活性企业（即 $K_r > 0, v_{ij} \geqslant 0$ 和 $\boldsymbol{h} > 0$）。其他条件不变。

定义 5.1 提出了六种不同的策略，它们分别取决于各自对产能回流、生产转移和金融对冲的选择。因此，我们现在可以比较各种风险管理工具的相对有效性。当我们采用战略 x（$x = \mathrm{bc}, \mathrm{rp}, \mathrm{sw}, \mathrm{op}, \mathrm{fh}, \mathrm{int}$）时，使用 $\Pi^x(\boldsymbol{Q}, \boldsymbol{h}, \boldsymbol{y})$ 表示利润函数[①]。为简明起见，这个函数也可以写成 $\Pi(\boldsymbol{Q}, \boldsymbol{h}, \boldsymbol{y})$、$\Pi^x(\boldsymbol{Q}, \boldsymbol{h})$ 甚至是 Π^x。同样，当 $l(\boldsymbol{Q}, \boldsymbol{h}, \boldsymbol{y}) = -\Pi^x(\boldsymbol{Q}, \boldsymbol{h}, \boldsymbol{y})$（其中 $x = \mathrm{bc}, \mathrm{rp}, \mathrm{sw}, \mathrm{op}, \mathrm{fh}, \mathrm{int}$）时，$\mathrm{CVaR}_\beta^x(\boldsymbol{Q}, \boldsymbol{h}, \boldsymbol{y})$ 定义为 CVaR。这个术语同样可以表示成 $\mathrm{CVaR}_\beta^x(\boldsymbol{Q}, \boldsymbol{h})$ 或 CVaR_β^x。

---

① 我们将用"bc""rp""sw""op""fh"和"int"这些首字母缩写分别表示"基本情况""只有可靠生产""只有转换期权""全运营灵活性""只有金融对冲"和"整合风险管理"。

为了保证模型的可追踪性，我们假设 CVaR 函数是凸的（Rockafellar 和 Uryasev，2002），期望利润函数为凹函数，决策向量集（联合）为凸函数。按照 Krokhmal 等（2002）的方法，我们证明了三个不同的公式等价于均值—CVaR 优化。

引理 5.1，假设函数 $\text{CVaR}_\beta(\boldsymbol{p}, \boldsymbol{y})$ 和 $\mathbb{E}[\Pi(\boldsymbol{x}, \boldsymbol{y})]$ 依赖于决策向量 $\boldsymbol{p} \triangleq (\boldsymbol{Q}, \boldsymbol{h}) \in \boldsymbol{P}$，并考虑以下三个问题：

$$\max_{\boldsymbol{Q} \in \mathbb{R}^3_+, \boldsymbol{h} \in \mathbb{R}^n} \left\{ \mathbb{E}[\Pi(\boldsymbol{p}, \boldsymbol{y})] - \lambda \text{CVaR}_\beta(\boldsymbol{p}, \boldsymbol{y}) \right\} \text{ s.t. } \boldsymbol{p} \in \boldsymbol{P} \text{ 且 } \lambda \geq 0 \quad \text{(P1)}$$

$$\min_{\boldsymbol{h} \in \mathbb{R}^n} \text{CVaR}(\boldsymbol{p}, \boldsymbol{y}) \quad \text{s.t. } \mathbb{E}[\Pi(\boldsymbol{p}, \boldsymbol{y})] \geq \rho \text{ 且 } \boldsymbol{p} \in \boldsymbol{P} \quad \text{(P2)}$$

$$\max_{\boldsymbol{Q} \in \mathbb{R}^3_+} \mathbb{E}[\Pi(\boldsymbol{p}, \boldsymbol{y})] \quad \text{s.t. } \text{CVaR}_\beta(\boldsymbol{p}, \boldsymbol{y}) \leq \omega \text{ 且 } \boldsymbol{p} \in \boldsymbol{P} \quad \text{(P3)}$$

现在假设约束条件 $\mathbb{E}[\Pi(\boldsymbol{p}, \boldsymbol{y})] \geq \rho$ 和 $\text{CVaR}_\beta(\boldsymbol{p}, \boldsymbol{y}) \leq \omega$ 有内点。然后，可以通过相应地改变参数 λ、ρ 和 ω 来追踪问题 P1 ~ P3 的有效边界。当 $\text{CVaR}_\beta(\boldsymbol{p}, \boldsymbol{y})$ 是凸的时，$\mathbb{E}[\Pi(\boldsymbol{p}, \boldsymbol{y})]$ 是凹的，且决策向量集 $\boldsymbol{P}$ 是凸的，那么问题 P1 ~ P3 是等价的，因为它们产生了相同的有效边界。

引理 5.1 基于生成的相同的有效边界，证实均值—CVaR 优化等价于用最小期望利润最小化 CVaR，也等价于在 CVaR 约束下最大化期望利润。因此，我们将该企业的优化分解为 CVaR 最小化，即通过金融对冲实现最小期望利润和通过 CVaR 约束下的运营灵活性实现利润最大化。这种设置允许通过（P1）在集中的职能结构中实现均值—CVaR 优化，或者通过（P2）和（P3）在分散的职能结构中实现均值—CVaR 优化。均值方差和期望效用模型都要求跨国公司使用单一目标函数来集中规划运营与金融。这种集中化的模型是精确的，前提是人们接受一个假设，即运营部门和金融部门之间的动机是完全一致的。在实践中，大多数跨国公司都建有分散的职能结构。因此，均值—CVaR 优化的一个优点是允许分解运营与财务：运营策略侧重于在 CVaR 约束下最大化期望利润，而金融对冲侧重于在最小期望利润下最小化 CVaR。

5.2.2　最优金融对冲策略

首先利用分解后的均值—CVaR 优化来对金融对冲决策进行优化。根据引理5.1，由于最大化均值—CVaR 的目标等价于最小化 CVaR，使其服从于最小的期望利润，因此，对于每个 $p = (Q, h) \in P$，与 $h \in \mathbb{R}^n$ 相关的金融对冲合约的组合都可以通过解决以下问题得到优化：

$$\min_{h \in \mathbb{R}^n} \text{CVaR}_\beta(Q, h, y) \qquad (5-3)$$

$$\text{s. t. } \mathbb{E}[\Pi(Q, h, y)] \geqslant \rho, \mathbb{E}[H(h)] = 0, p \in P$$

这里的无套利约束 $\mathbb{E}[H(h)] = 0$ 表示，对于固定的产能组合 Q，期望利润保持不受金融对冲影响。即金融对冲对期望利润没有直接影响，只有通过最小化 CVaR 来改变产能组合的可行集合，才能影响期望利润（5.3 节的命题5.3）。

在"只有金融对冲"（即没有运营灵活性）的情况下，损失函数是 $l(Q, h, y) = -\Pi^h(Q, h, y) = -\Pi^{bc} - H(h) = -\sum_{i \in \{1,2\}} s_i (p_i - c_i) \min(D_i, K_i) - R(h) + [(c_1^k, sc_2^k, c_r^k)Q + C(h)]e^{\gamma t}$，其中，如果 $i = 1$ 则 $s_i = 1$，或如果 $i = 2$ 则 $s_i = s$，且 $Q = (Q_1, Q_2, 0)^T$。这个损失函数关于 h 是连续线性的。因此，对于变量 $\alpha \in \mathbb{R}$，CVaR 可以通过最小化以下辅助函数来计算（Rockafellar 和 Uryasev，2000，2002）：

$$F_\beta(Q, h, \alpha) \triangleq \alpha + \frac{1}{1-\beta} \int_{y \in \mathbb{R}^m} [l(Q, h, y) - \alpha]^+ f(y) \mathrm{d}y \qquad (5-4)$$

在这种情况下，全球公司既没有可靠的国内产能，也没有生产转换，导致利润函数（和损失函数）的线性和连续性。因此，最优的金融对冲组合由远期合约构成。

对于整合风险管理（即金融对冲与运营灵活性的结合），实物期权会导致多个离散的损失函数，其对应的概率来源于对连续不确定域的支持。在这种情况下，运营灵活性可以扩大相对于最小期望利润的可行决策向量集。这里 $\text{CVaR}_\beta(Q, h, y)$ 可以用每个不确定域的 CVaR 的加权和来计算，然后用抽样概率密度分布 $f(y)$ 来优化，该分布有支持 $\Omega_i (i = 1, 2, \cdots, 10)$，各自的概率 P_i 产生一个向量 y_i 的集合。因此，可以通过以下公式最小化 CVaR：

$$G_\beta(Q, h, \alpha) \triangleq \alpha + \frac{1}{1-\beta} \sum_{i=0}^{n} P_i [l(Q, h, y_i) - \alpha]^+ \qquad (5-5)$$

其中，n 表示场景的数量。因此，当损失分布以罕见且极低的汇率厚尾分布时，最优的金融对冲组合就包含了价外看跌期权。

如果金融市场是有效且无套利的，那么对冲合约的定价就是公平的。因此，不可能通过获得正的期望收益来系统地跑赢市场（Chowdhry 和 Howe，1999；Hommel，2003）。换句话说，金融对冲合约服从于无套利约束，即 $\mathbb{E}[H(\boldsymbol{h})] = 0$，因此有

$$E\{C(\boldsymbol{h}) = E[\boldsymbol{R}(\boldsymbol{h})e^{-\gamma t}]\}$$

$$= \begin{cases} \int_{\underline{s}}^{\bar{s}} \boldsymbol{h}_f^{\mathrm{T}}(s_f - s)e(s)ds e^{-\gamma t} & \text{对于 } l(\boldsymbol{Q}, \boldsymbol{h}, \boldsymbol{y}) = -\Pi^{\mathrm{fh}}(\boldsymbol{Q}, \boldsymbol{h}, \boldsymbol{y}) \\ \int_{\underline{s}}^{\bar{s}} \boldsymbol{h}_p^{\mathrm{T}}[\boldsymbol{s}_p - s]^+ e(s)ds e^{-\gamma t} & \text{对于 } l(\boldsymbol{Q}, \boldsymbol{h}, \boldsymbol{y}) = -\Pi^{\mathrm{int}}(\boldsymbol{Q}, \boldsymbol{h}, \boldsymbol{y}) \end{cases} \tag{5-6}$$

这里 $[t]^+ = \max\{t, 0\}$，s_f 为货币远期合约利率，$\boldsymbol{s}_p$ 为看跌期权执行价格向量。在整合风险管理的情况下，运营灵活性导致多重和离散的损失函数。因此，最优期权合约可以有多个执行价格。所以，该全球公司通过远期或看跌期权的对冲组合来调整其 CVaR，具体内容将在后续分析中详细介绍。因此，我们可以把通过金融对冲转移的货币流的大小写成

$$\int_{\underline{s}}^{s_i} [\boldsymbol{R}(\boldsymbol{h})e^{-\gamma t} - C(\boldsymbol{h})]e(s)\mathrm{d}s = \int_{s_i}^{\bar{s}} [\boldsymbol{R}(\boldsymbol{h})e^{-\gamma t} - C(\boldsymbol{h})]e(s)\mathrm{d}s \tag{5-7}$$

其中，对于 $l(\boldsymbol{Q}, \boldsymbol{h}, \boldsymbol{y}) = -\Pi^{\mathrm{fh}}(\boldsymbol{Q}, \boldsymbol{h}, \boldsymbol{y})$，$i = f$，而对于 $l(\boldsymbol{Q}, \boldsymbol{h}, \boldsymbol{y}) = -\Pi^{\mathrm{int}}(\boldsymbol{Q}, \boldsymbol{h}, \boldsymbol{y})$，$i = p$。也就是说，在只有金融对冲（整合风险管理）的情况下，该公司通过远期（看跌期权）合约进行金融对冲。式（5-7）的左边表示运营现金流量不足时，金融对冲预期正收益；右边表示当经营利润不存在差额时，金融对冲预期负收益（即成本和损失）。式（5-7）表明，金融对冲通过将货币流（跨越概率空间）从自发状态转移到绑定方，优化了 CVaR。

命题 5.1，最优金融对冲策略可以推导如下：

$$h^* = \arg\min_{h \in R^n} \mathrm{CVaR}_\beta(\boldsymbol{Q}, \boldsymbol{h}, \boldsymbol{y})$$

$$= \begin{cases} \arg\min_{h \in R^n} F_\beta(\boldsymbol{Q}, \boldsymbol{h}, \alpha) & \text{对于 } l(\boldsymbol{Q}, \boldsymbol{h}, \boldsymbol{y}) = -\Pi^{\mathrm{fh}}(\boldsymbol{Q}, \boldsymbol{h}, \boldsymbol{y}) \\ \arg\min_{h \in R^n} G_\beta(\boldsymbol{Q}, \boldsymbol{h}, \alpha) & \text{对于 } l(\boldsymbol{Q}, \boldsymbol{h}, \boldsymbol{y}) = -\Pi^{\mathrm{int}}(\boldsymbol{Q}, \boldsymbol{h}, \boldsymbol{y}) \end{cases} \tag{5-8}$$

$$\mathrm{s.\,t.} \quad \mathbb{E}[\Pi(\boldsymbol{Q}, \boldsymbol{h}, \boldsymbol{y})] \geqslant \rho, \mathbb{E}[H(\boldsymbol{h})] = 0$$

此外，如果金融对冲的最佳解决方案不是独一无二的，那么

$$\left(h^*, \mathbb{E}^*[(\Pi(\boldsymbol{Q}, \boldsymbol{h}, \boldsymbol{y}))]\right) \in \arg\min_{h \in R^n} \mathrm{CVaR}_\beta(\boldsymbol{Q}, \boldsymbol{h}, \boldsymbol{y}) \Leftrightarrow$$

$$h^* \in \arg\min_{h \in R^n} \mathrm{CVaR}_\beta(\boldsymbol{Q}, \boldsymbol{h}, \boldsymbol{y}), \mathbb{E}^*[\Pi(\boldsymbol{Q}, \boldsymbol{h}, \boldsymbol{y})] \in \arg\max_{h \in R^n} E[\Pi(\boldsymbol{Q}, \boldsymbol{h}^*, \boldsymbol{y})]$$

根据命题 5.1，当跨国公司的经营现金流量低于使利润差额最小化的 VaR 阈值（即 CVaR），它就应采用金融对冲。如果 CVaR 最小化的多个解决方案是显而易见的，那么将选择与最高期望利润相关的决策向量。金融对冲的收益基于条件期望，旨在复制（抵消）相应汇率区间内的 CVaR 大小。

5.2.3 最优运营灵活性策略

我们将在本节中继续优化该全球公司的运营灵活性策略。由引理 5.1 可知，优化均值—CVaR 等价于在 CVaR 约束下最大化期望利润。因此关于 $\boldsymbol{Q} \in \mathbb{R}^3_+$ 对 $\boldsymbol{p} = (\boldsymbol{Q}, \boldsymbol{h}) \in \boldsymbol{P}$，公司的运营决策可以通过式（5-9）优化解决。

$$\max_{\boldsymbol{Q} \in \mathbb{R}^3_+} \mathbb{E}[\Pi(\boldsymbol{Q}, \boldsymbol{h}, \boldsymbol{y})]$$

$$\mathrm{s.\,t.} \quad \mathrm{CVaR}_\beta(\boldsymbol{Q}, \boldsymbol{h}, \boldsymbol{y}) \leqslant \omega, \boldsymbol{p} \in \boldsymbol{P} \tag{5-9}$$

我们现在使用逆向归纳描述该全球公司在阶段 2 和阶段 1 的最优生产规划和产能投资。

阶段 2：生产规划

命题 5.2，阶段 2 的最优生产量 $\boldsymbol{q}_i^*$ 属于表 5-2 中列出的 10 种不同形式中的一种，具体哪种形式适用取决于汇率和现实产能与需求的匹配状态。

阶段 2 由运营决策产生的现金流是

$$\Pi^{int}(\boldsymbol{Q},\boldsymbol{y}) = (p_1,sp_2)\boldsymbol{d}_j^{*T} - (c_1,sc_2,c_r)\boldsymbol{q}_i^{*T} - (c_{21}^s,sc_{12}^s)\boldsymbol{q}_{ij}^{s*T} - (c_1^k,sc_2^k,c_r^k)\boldsymbol{Q}e^{\gamma t}$$

$$(5-10)$$

表 5-2 总结了在 $\Omega_i(i=1,2,\cdots,10)$ 支持的不同域下的最优运营灵活性策略。针对不确定性的具体实现，该全球公司可以调整来自三种不同来源的产量，并使用转换期权来利用汇率波动带来的生产成本变化。

阶段 1：产能投资

产能投资的最优解可以通过产能成本与加权影子价格 $\boldsymbol{\mu}(\boldsymbol{Q},\Omega_i)$（即增加单位产能的边际利润）的权衡推导出来。利用必要和充分的 Kuhn-Tucker 条件，我们得到以下结果。

命题 5.3，当且仅当存在 $\boldsymbol{\delta} \in \mathbb{R}_+^3$，产能向量 $\boldsymbol{Q}^* \in \mathbb{R}_+^3$ 是最优的，此时有

$$c_i^k e^{\gamma t} - \boldsymbol{\delta} = \sum P[\Omega_i(\boldsymbol{Q}^*)]\boldsymbol{\mu}(\boldsymbol{Q},\Omega_i) \text{ 且 } \boldsymbol{\delta}^T \boldsymbol{Q}^* = 0 \qquad (5-11)$$

$$\text{s. t. } CVaR_\beta(\boldsymbol{Q},\boldsymbol{h},\boldsymbol{y}) \leq c$$

命题 5.3 表明，该全球公司的最优产能投资额是这样的：由此形成的产能的边际效益（按每种场景的概率加权得到）与这些产能的边际成本相匹配。

5.3 运营与金融间的相互作用

接下来，我们将探讨当存在均值—CVaR 权衡时，产能回流、生产转移和金融对冲之间的关系。

5.3.1 产能回流与生产转换间的关系

可靠的国内生产对冲了供应风险，而生产转换既对冲了汇率风险又对冲了供应风险。因此，自然会出现这样的问题：这两种运营策略是互补的还是替代的呢？为了评估它们之间的关系，我们首先研究了生产转换和产能回流的联合价值和各自价值。

定义 5.2：运营灵活性的价值是指采用产能回流和/或生产转换策略时带来的关于均值—CVaR 目标和相对于"基本情况"的效用增量。

表5-2　阶段2的最优产量

域	最优策略	q_1^*	q_r^*	q_2^*
$\Omega_1(Q) = \left\{ R \in R^2 \mid \sum K_i < \sum D_i, s \in [\underline{s}, \bar{s}] \right\}$	拥有转换期权情况下的全产能采购	K_1	K_r	K_2
$\Omega_2(Q) = \left\{ R \in R^2 \mid \sum D_i \le K_2, s \in \left[\underline{s}, \dfrac{c_1 - c_{21}^s}{c_2}\right] \right\}$	从来源2单一采购	0	0	$\sum D_i$
$\Omega_3(Q) = \left\{ R \in R^2 \mid K_2 < \sum D_i \le K_1 + K_2, s \in \left[\underline{s}, \dfrac{c_1 - c_{21}^s}{c_2}\right] \right\}$	从来源2采购并用1对冲	$\sum D_i - K_2$	0	K_2
$\Omega_4(Q) = \left\{ R \in R^2 \mid \sum D_i \le K_1 + K_2, s \in \left[\dfrac{c_1 - c_{21}^s}{c_2}, \dfrac{c_r - c_{21}^s}{c_2}\right] \right\}$	分别运用来源2优先对冲和转换期权	$\min(D_1, K_1) + (D_2 - K_2)^+$	0	K_2
$\Omega_5(Q) = \left\{ R \in R^2 \mid \sum D_i \le K_1 + K_2, s \in \left[\dfrac{c_r - c_{21}^s}{c_2}, \dfrac{c_1 - c_{12}^s}{c_2}\right] \right\}$	分别运用可靠产能优先对冲和转换期权	$\min(D_1, K_1) + (D_2 - K_2)^+$	$(D_1 - K_1)^+$	$\min(D_2, K_2) + (D_1 - K_1 - K_b)^+$
$\Omega_6(Q) = \left\{ R \in R^2 \mid \sum D_i \le K_1, s \in \left[\dfrac{c_1}{c_2 - c_{12}^s}, \bar{s}\right] \right\}$	从来源1单一采购	$\sum D_i$	0	0
$\Omega_7(Q) = \left\{ R \in R^2 \mid K_1 < \sum D_i \le K_1 + K_2, s \in \left[\dfrac{c_1}{c_2 - c_{12}^s}, \dfrac{c_r}{c_2 - c_{12}^s}\right] \right\}$	从来源1采购且用2对冲	K_1	0	$\sum D_i - K_1$
$\Omega_8(Q) = \left\{ R \in R^2 \mid K_1 < \sum D_i \le K_1 + K_r, s \in \left[\dfrac{c_r}{c_2 - c_{12}^s}, \bar{s}\right] \right\}$	从来源1采购且用可靠产能对冲	K_1	$\left(\sum D_i - K_1\right)^+$	0
$\Omega_9(Q) = \left\{ R \in R^2 \mid K_1 + K_r < \sum D_i \le \sum K_i, s \in \left[\dfrac{c_r}{c_2 - c_{12}^s}, \bar{s}\right] \right\}$	从来源1和可靠产能采购且用来源2对冲	K_1	K_r	$\sum D_i - K_1 - K_r$
$\Omega_{10}(Q) = \left\{ R \in R^2 \mid K_1 + K_r < \sum D_i \le \sum K_i, s \in \left[\underline{s}, \dfrac{c_1 + c_{21}^s}{c_2}\right] \right\}$	从来源1和2采购且用可靠产能对冲	K_1	$\sum D_i - K_1 - K_2$	K_2

命题 5.4，"只有可靠生产"的价值是

$$\Delta U[\Pi^{\mathrm{rp}}] = (1 + \lambda) \sum P[\Omega_i(\boldsymbol{Q}^*)][q_r^*(p_1 - c_r) - c_r^k K_r] \quad (5-12)$$

"只有转换期权"的价值是

$$\Delta U[\Pi^{\mathrm{sw}}] = (1 + \lambda) \sum P[\Omega_i(\boldsymbol{Q}^*)]v_{ij}^* \left(s_i c_i - s_j c_j - s_j c_{ij}^s\right) \quad (5-13)$$

这里 $i \neq j$，$s_i = \begin{cases} 1, i = 1 \\ -s, i = 2 \end{cases}$，且 $s_j = \begin{cases} 1, j = 1 \\ s, j = 2 \end{cases}$。

"全运营灵活性"的价值是

$$\Delta U[\Pi^{\mathrm{op}}] = (1 + \lambda)(E[\Pi^{\mathrm{op}}] - E[\Pi^{\mathrm{bc}}]) \quad (5-14)$$

定义 5.3：根据 $\Delta U[\Pi^{\mathrm{op}}]$ 是大于、等于或小于 $\Delta U[\Pi^{\mathrm{sw}}] + \Delta U[\Pi^{\mathrm{rp}}]$，产能回流和生产转移分别呈现互补、分离或替代关系。

产能回流和生产转移都是产能过剩的表现，可以对冲错配风险和汇率不确定性。因此，直觉上它们是替代品。然而，下面的定理表明，在一定条件下，它们也可以是互补的。

定理 5.1，当它们被用来满足国外（国内）需求时，产能回流和生产转移是互补（替代）的。可靠的国内生产和转换期权（效用函数的增值）之间相互影响的形式表示为

$$\Delta U[\mathrm{sw}, \mathrm{rp}] \equiv \Delta U[\Pi^{\mathrm{op}}] - \Delta U[\Pi^{\mathrm{sw}}] - \Delta[\Pi^{\mathrm{rp}}] = P\left(\frac{p_1 + c_{21}^s}{p_2} < s \leq \bar{s}\right)$$

$$\min\left(q_r^*, v_{21}^*\right)\left|sc_2 - c_r - c_{21}^s\right| + P\left(\frac{c_r}{c_2 + c_{12}^s} \leq s < \frac{p_1}{c_{12}^s + p_2}\right)\left\{\min\left([D_1 - K_1 - K_r]^+,\right.\right.$$

$$K_2\right) - \min\left([D_1 - K_1]^+, K_2\right)\right\}\left(p_1 - sp_2 - sc_{12}^s\right) + P\left(s_t \leq s < \frac{c_r}{c_2 + c_{12}^s}\right)$$

$$\left\{\min\left([D_1 - K_1 - K_2]^+, K_r\right) - \min\left([D_1 - K_1]^+, K_r\right)\right\}\left(p_1 - c_r\right) + (1 + \lambda)P(\underline{s} \leq$$

$$s < s_t)\left\{\min\left([D_1 - K_1 - K_2]^+, K_r\right) - \min\left([D_1 - K_1]^+, K_r\right)\right\}\left(p_1 - c_r\right)$$

$$(5-15)$$

这里，$s_t = \max\{s \in [\underline{s}, \bar{s}]: l(\boldsymbol{Q}, \boldsymbol{h}, \boldsymbol{y}) = -\Pi^{\text{int}}(\boldsymbol{Q}, \boldsymbol{h}, \boldsymbol{y}) < \alpha\}$。式（5-15）的右边的第一项是非负的，表示当转换期权使用可靠的国内产能满足国外需求 D_2 时的互补效应。相比之下，第二、第三和第四项为非正项，当可靠的产能和生产转换同时用于满足国内需求 D_1 时，它们会获得替代效应。因此，产能回流与生产转移之间的关系取决于互补或替代效应是否更显著。定理 5.1 表明更高的国外（国内）需求预期，鼓励（不鼓励）联合采用产能回流和生产转移。因此，国内外市场的相对规模决定了运营灵活性的最佳组合。

5.3.2 运营灵活性与金融对冲间的关系

我们现在来评估运营与金融之间的相互作用，办法是研究存在和不存在运营灵活性的情况下金融对冲的价值。不存在（存在）运营灵活性时，金融对冲的价值是相对于基本情况（全运营灵活性）的均值—CVaR 效用的增量。这是通过货币衍生品创造的。之前提到（无套利）金融对冲产生 $E[H(\boldsymbol{h})] = 0$，因此可以推导出最优金融对冲关于"基本情况"的价值：

$$\Delta U[\text{FH}^{\text{bc}}] \equiv U[\Pi^{\text{fh}}] - U[\Pi^{\text{bc}}] = \lambda(\text{CVaR}_\beta^{\text{bc}} - \text{CVaR}_\beta^{\text{fh}}) + (\mathbb{E}[\Pi^{\text{fh}}] - \mathbb{E}[\Pi^{\text{bc}}])$$ 整合风险管理（相对于"全运营灵活性"）下最优金融对冲的价值同样可以写成：

$$\Delta U[\text{FH}^{\text{op}}] \equiv U[\Pi^{\text{int}}] - U[\Pi^{\text{op}}] = \lambda(\text{CVaR}_\beta^{\text{op}} - \text{CVaR}_\beta^{\text{int}}) + (\mathbb{E}[\Pi^{\text{int}}] - \mathbb{E}[\Pi^{\text{op}}])$$

这些公式表明，不管有没有运营灵活性，金融对冲的价值由两个因素构成：风险降低影响和利涧增强影响。

定义 5.4：根据 $\Delta U[\text{FH}^{\text{op}}]$ 是大于、等于或小于 $\Delta U[\text{FH}^{\text{bc}}]$，运营灵活性和金融对冲分别呈现互补、分离或替代的关系。

定理 5.2，运营灵活性和金融对冲是降低风险的替代品。当金融对冲通过放松 CVaR 约束来增加产能投资组合的可行集时，这两种机制可以互补地提高利润。它们的相互作用效应（企业效用的增值）如下：

$$\Delta U[\text{fh}, \text{op}] = \lambda(\text{CVaR}_\beta^{\text{op}} - \text{CVaR}_\beta^{\text{bc}} + \text{CVaR}_\beta^{\text{fh}} - \text{CVaR}_\beta^{\text{int}}) + (\mathbb{E}[\Pi^{\text{bc}}] - \mathbb{E}[\Pi^{\text{fh}}] + \mathbb{E}[\Pi^{\text{int}}] - \mathbb{E}[\Pi^{\text{op}}]) \tag{5-16}$$

该定理说明了运营灵活性与金融对冲之间的相互作用效应是由两个因素决定的，其中第一个是风险降低的相互作用：

$$\lambda\left(\mathrm{CVaR}_{\beta}^{\mathrm{op}} - \mathrm{CVaR}_{\beta}^{\mathrm{bc}} + \mathrm{CVaR}_{\beta}^{\mathrm{fh}} - \mathrm{CVaR}_{\beta}^{\mathrm{int}}\right) < 0$$

因此，运营灵活性和金融对冲是关于风险降低的替代品。第二个因素是利润提高的相互作用：当且仅当 $\mathbb{E}[\Pi^{\mathrm{int}}] - \mathbb{E}[\Pi^{\mathrm{op}}] > \mathbb{E}[\Pi^{\mathrm{fh}}] - \mathbb{E}[\Pi^{\mathrm{bc}}]$，此时 $\mathbb{E}[\Pi^{\mathrm{bc}}] - \mathbb{E}[\Pi^{\mathrm{fh}}] + \mathbb{E}[\Pi^{\mathrm{int}}] - \mathbb{E}[\Pi^{\mathrm{op}}] > 0$。因此，运营灵活性和金融对冲在提高利润方面是互补的。

5.3.3 有效边界分析

为了证明运营灵活性和金融对冲之间的相互作用，我们采用 Van Mieghem（2003）的方法进行有效边界分析。采用这种方法的主要动机是在引理 5.1 中使用了有效边界的等价性，即优化均值—CVaR 等价于用最小期望利润最小化 CVaR，也等价于在 CVaR 约束下最大化期望利润。

定义 5.5：当且仅当不存在另一个组合 p' 使 $U[\Pi(p')] > U[\Pi p]$，实物和金融资产的组合 $p = (Q, h)$ 才是有效的。

定义 5.6：对于策略 $x = \mathrm{bc, rp, op, fh, int}$（见定义 5.1），有效边界 F_{CVaR}^{x} 是成对出现均值与 CVaR 有效组合的集合：$F_{\mathrm{CVaR}}^{x} = \{(\mathbb{E}[\Pi^{x}(p)], \mathrm{CVaR}_{\beta}^{x}(p)) \mid p$ 是有效的$\}$

该全球公司均值—CVaR 目标的初始边界用 F_{CVaR}^{bc} 表示，采用运营灵活性和/或金融对冲，使企业能够通过部署投入实物资产和金融资产来提高其效用，从而将其投资组合 p 的有效边界（帕累托最优）向西北方向移动。对于 $X = B, E, F$，我们用 $\mathbb{E}[\Pi(X)]$ 表示 B, E, F 点达到最大效用时的期望利润。这里，$\mathbb{E}[\Pi(B)] > \mathbb{E}[\Pi(C)] > \mathbb{E}[\Pi(A)] > \mathbb{E}[\Pi(D)] > \rho$。对于 $X = E, F$，观察到 $\mathrm{CVaR}_{\beta}(G)$ 和 $\mathrm{CVaR}_{\beta}(X)$ 分别表示通过"只有金融对冲"（G 点）和"整合风险管理"（E 点或 F 点）可获得的 CVaR 的最小值。

在"基本情况"下，即使该公司的效用在 A 点可以最大化，由于 CVaR 约束，该风险厌恶型公司也会选择 D 点，因为 $\mathrm{CVaR}_{\beta}(D) = \omega^{\mathrm{bc}}$ 且 $\mathbb{E}[\Pi(D)] > \rho$。在"只有金融对冲"的情况下，$AG$ 将有效边界转移到正西方。在这种情况下，可以选择效用最大化点 G。因此，没有运营灵活性的最优金

融对冲是 $\Delta U\left[\text{FH}^{\text{bc}}\right] = \lambda\left(\text{CVaR}_{\beta}^{\text{bc}} - \text{CVaR}_{\beta}^{\text{fh}}\right) + \mathbb{E}\left[\Pi^{\text{fh}}\right] - \mathbb{E}\left[\Pi^{\text{bc}}\right]$。在"全运营灵活性"下，实物期权由向量 **AB** 将有效边界向西北转移至 $F_{\text{CVaR}}^{\text{op}}$，在此边界上的 B 点公司的效用可实现最大化。然而，当考虑 CVaR 约束时，即 $\text{CVaR}_{\beta}(C) = \omega^{\text{op}}$，该风险厌恶型公司会将 C 点作为最优可行点。

在整合风险管理中，我们区分了两种情况。首先，如果金融对冲减少 CVaR 到点 E，在此点上 $\text{CVaR}_{\beta}(E) = \text{CVaR}_{\beta}^{\text{int}} > \text{CVaR}_{\beta}(G) = \text{CVaR}_{\beta}^{\text{fh}}$，那么，运营灵活性和金融对冲在降低风险方面是替代关系，因为它们关于 CVaR 的相互作用效应是 $\lambda(\text{CVaR}_{\beta}^{\text{op}} - \text{CVaR}_{\beta}^{\text{bc}} + \text{CVaR}_{\beta}^{\text{fh}} - \text{CVaR}_{\beta}^{\text{int}}) < 0$。其次，如果金融对冲减少 CVaR 到点 F，在此点上 $\text{CVaR}_{\beta}(F) = \text{CVaR}_{\beta}^{\text{int}} = \text{CVaR}_{\beta}(G) = \text{CVaR}_{\beta}^{\text{fh}}$，那么，运营灵活性和金融对冲在降低风险方面是替代关系，因为它们关于 CVaR 的相互作用效应是 $\lambda(\text{CVaR}_{\beta}^{\text{op}} - \text{CVaR}_{\beta}^{\text{bc}}) < 0$。然而，利润提高的相互作用，$\mathbb{E}\left[\Pi^{\text{bc}}\right] - \mathbb{E}\left[\Pi^{\text{fh}}\right] + \mathbb{E}\left[\Pi^{\text{int}}\right] - \mathbb{E}\left[\Pi^{\text{op}}\right]$，无论有没有如下的运营灵活性，都取决于从金融对冲获得的期望利润增量。如果 $\mathbb{E}\left[\Pi^{\text{int}}\right] - \mathbb{E}\left[\Pi^{\text{op}}\right] > \mathbb{E}\left[\Pi^{\text{fh}}\right] - \mathbb{E}\left[\Pi^{\text{bc}}\right]$，则运营灵活和金融对冲在利润提高方面是互补的；如果 $\mathbb{E}\left[\Pi^{\text{int}}\right] - \mathbb{E}\left[\Pi^{\text{op}}\right] \leqslant \mathbb{E}\left[\Pi^{\text{fh}}\right] - \mathbb{E}\left[\Pi^{\text{bc}}\right]$，则由于它们的相互作用（定理 5.2），运营灵活性和金融对冲是严格替代的。

我们从该有效边界分析中得到了三个管理方面的启示。

首先，运营灵活性和金融对冲可以互补。一方面，运营灵活性提高了期望利润，降低了下行风险；金融对冲可以将下行风险降至最低，但只有通过放松 CVaR 约束，才能影响可行的产能组合（盈利能力）。这一结果与现有的整合风险管理的研究成果是一致的。另一方面，运营灵活性可以被视为以外币/本币计价的实物期权，而通过外币看跌期权进行的金融对冲可以缓解罕见的极低汇率对现金流的影响。

其次，运营灵活性和金融对冲可以相互替代。与运营灵活性一起使用，金融期权只能对冲罕见和极端的汇率，因为可以通过使用实物期权实现利润更大。单独使用时，金融对冲具有更大的风险降低效果。这一结果与金融和运营对冲之间相互作用的经验证据相一致，这表明随着公司采用更多的实物期权来管理货币风险，金融衍生品的使用显著减少（Aabo 和 Simkins，2005；Kim 等，2006）。

最后，运营与金融之间的协作和协调是必要的，以使均值—CVaR 效用中的替代效应实现最小化，特别是在降低风险方面。因此，运营与金融之间的双向信息交流至关重要：有效的金融对冲是基于对运营灵活性所决定的现金流分布的精确估计，而由于 CVaR 约束，产能选择的可行性依赖金融对冲。

5.4　算例

本节通过广泛的数值研究来说明我们的主要结果。给出的例子不仅说明了运营灵活性和金融对冲的相对有效性以及汇率波动和需求波动的影响，还比较了均值—CVaR 和均值方差目标。

数值研究依赖于仿真优化。仿真用的是 Palosasde@ RISK 软件，有 32000 个不确定场景，每个场景随汇率和供需匹配状态而变化，仿真的基准参数值如下：$p_i = 10$，$c_i = 7$，$c_r = 7.5$，$c_{ij}^s = 1$，$c_i^k e^{\gamma t} = 0.6$，$c_r^k e^{\gamma t} = 1.2$，$\lambda = 0.05$，且对于 $i,j = 1,2$ 及 $i \neq j$，$R_i \sim Unif(0.91,1)$。因为就汇率而言，对于正态分布，风险度量指标 VaR 和 CVaR 之间的差异可以忽略不计（Sarykalin 等，2008），所以，我们选择一个均匀分布 $s \sim Unif(0.55,1.45)$（Chowdhry 和 Howe，1999），其区间随其变异系数而变化。需求 D_1 和 D_2 都是均匀分布的，对于 $i = 1,2$，有 $D_i \sim Unif(25,125)$，这里的区间也随变异系数而变化。供给、需求和汇率是相互独立的，它们共同表征了表 5 - 2 中定义的 10 个不确定域。

通过展示运营灵活性与金融对冲之间的相互作用，表 5 - 3 验证了定理 5.2。在这个基准例子中，需求的变异系数是 $\delta(D_i) = 0.49$，且汇率的变异系数是 $\delta(s) = 0.22$。整合风险管理显著提高公司效用达 15.76%，相比之下，"全运营灵活性"增加的效用为 13.68%，"只有金融对冲"增加的效用为 1.85%。这意味着运营灵活性和金融对冲是互补的，因为整合风险管理带来的价值增值（15.76%）超过了"全运营灵活性"和"只有金融对冲"带来的价值增值之和（15.53%）。运营灵活性使期望利润增加 14.24%，而金融对冲由于无套利假设所以影响较小，为 2.14%。回顾一下，金融对冲只有在扩大了可行产能组合集（通过放松一个 CVaR 约束）的情况下才能提高期望利润。如前文所述，运营灵活性有助于提高利润和降低风险，金融对冲能使风险最小化，其提高利润的能力取决于 CVaR 约束是否松弛。对于采用单一策略的企业来说，这两种选择的相对有效性取决于由此带来的利润提高和风险降低的相对幅度，而这又分别对应转换成本和风险规避程度的函数。整合风险管理带来的风险降低效果（40.96%）小于"全运营灵活性"的风险降低效果（37.29%）和金融对冲的风险降低效果（14.39%）之和（51.68%），这种结果是由于后者的替代效应造成的。因此，我们得出结论：运营灵活性和金融对冲是降低风险的替代品。

表 5 – 3　　　　　　　　　　运营灵活性和金融对冲的相对有效性

基本情况			全运营灵活性			$(T^{op} - T^{bc})/T^{bc}$ $(T = U_{0.95}^*, E^*, CVaR_{0.95}^*)$		
$U_{0.95}^*$	E^*	$CVaR_{0.95}^*$	$U_{0.95}^*$	E^*	$CVaR_{0.95}^*$	$U_{0.95}^*$	E^*	$CVaR_{0.95}^*$
200.33	205.17	−96.83	222.75	234.39	−132.93	13.68%	14.24%	37.29%
只有金融对冲			整合风险管理			$(T^{int} - T^{fh})/T^{fh}$		
204.03	209.57	−110.76	231.91	238.73	−136.49	13.66%	13.91%	23.22%
$(T^{fh} - T^{bc})/T^{bc}$			$(T^{int} - T^{op})/T^{op}$			$(T^{int} - T^{bc})/T^{bc}$		
1.85%	2.14%	14.39%	1.83%	1.85%	2.67%	15.76%	16.36%	40.96%

5.4.1　汇率变动的影响

接下来，我们将研究定理 5.1 中描述的六种策略下汇率波动如何影响全球企业的产能投资和绩效。当调整汇率的波动时，我们允许其变异系数在 0.17~0.26 变动，同时保持期望值 $\mathbb{E}[s]$ 在恒定水平 1.05 上。在我们的一期设置中，汇率变动假定在一定范围内，例如，不超过 30%（de Grauwe，1988）。

最优总产能在汇率波动率上呈下降趋势。在没有金融对冲的情况下，产能对冲是唯一的风险管理工具，这就解释了为什么在 CVaR 约束下，最优产能会随着汇率波动率的上升而迅速下降。当使用金融对冲时，即"只有金融对冲"或整合风险管理下，最优总产能对汇率波动不太敏感，因为通过金融对冲，CVaR 中的货币风险显著降低。在"全运营灵活性"或整合风险管理下，该公司的期望利润在汇率波动中增加；在"只有金融对冲"或"只有转换期权"下，期望利润更少受到影响；对于"基本情况"及"只有可靠生产"，期望利润在汇率波动中减少。这就表明了更大的灵活性或更多的对冲（或两者兼而有之）提高了公司缓解汇率风险的能力。

　　金融对冲和实物期权在应对更大的汇率波动时的风险降低效果：在"基本情况"和"只有可靠生产"情况下，CVaR 随汇率波动而显著增加，但仅在"只有金融对冲"情况下，CVaR 的增幅要小得多。相比之下，对于那些"只有转换期权""全运营灵活性"或整合风险管理的公司，CVaR 在汇率波动方面显著下降。这些结果表明，随着汇率波动率的增加，生产转换在降低风险方面变得更加有效。使用生产转换的公司的期望效用随汇率波动而增加，但在不使用生产转换的情况下下降（尽管速度较慢）。这些不使用生产转换的情况是指"基本情况""只有金融对冲"和"只有可靠生产"。

　　为了比较均值—CVaR 模型与均值方差模型之间的差异，在其他条件不变的情况下，我们通过优化均值方差目标进行了数值研究。汇率波动对最优总产能、期望利润和均值方差效用的影响表明，在"只有金融对冲"或整合风险管理的情况下，汇率波动的方差是非单调的。这个结果与之前结果不同，CVaR（对于汇率波动率）在整合风险管理下呈下降趋势，而在"只有金融对冲"下呈上升趋势。这种差异源于使用 CVaR 作为下行风险度量指标。通过CVaR 进行的金融对冲以一种更为保守的方式截断低于阈值的收益，而方差对冲则同时"裁剪"上行潜力和下行风险。我们也将结果与 Ding 等（2007）的双产能均值方差模型的运行结果进行了比较，发现在"只有金融对冲"或整合风险管理下方差略有增加（对于汇率标准差）。产生差异的原因在于我们将可靠的国内产能作为第三产能吸纳进来。然而，该结果呼应了 Ding 等（2007）的发现，即由于金融对冲使得利润方差对最优产能的降低不那么敏感。

5.4.2　需求变异性的影响

　　为了研究需求波动的影响，我们将需求变异系数 $\delta(D_i)$ 从 0.47 改为 0.53，同时保持其期望值 $\mathbb{E}[D_i]$ 在恒定的水平，即 41.8 上。最优总产能在需求波动上呈下降趋势，而金融对冲使产能投资对需求波动不太敏感。后一种结果的产生是因为金融对冲降低了货币风险，从而改变了对于 CVaR 约束的可行的产能组合集。因此，需求波动对最优总产能的影响较小。我们可以看到，由于六种策略下的最优产能减少，期望利润下降。

　　六种策略下的 CVaR 均随需求波动的增加而增加，这与之前的结果不同。与不进行金融对冲相比，这一增幅略小一些，这与 Chen 等（2007）主张的需求不确定性是一种无法在金融市场进行对冲的私人风险相一致。金融对冲和生产转换在降低需求波动风险方面不如在降低汇率风险方面有效。需求波动对均值—CVaR 的净效应在减小。金融对冲的存在减缓了均值—CVaR 效用的下降，因为最优总产量变得对需求波动相对不敏感。

为了进行均值—CVaR 比较，显示了均值方差模型（其他条件不变）的结果。需求波动对最优总产能、期望利润和均值方差效用的影响，类似于均值—CVaR 模型下的面板图。无论是"只有金融对冲"还是整合风险管理，需求波动的方差都是非单调的。这一观察结果与之前不同，其中 CVaR 在"只有金融对冲"和整合风险管理两种策略下都在增加。这种差异主要源于我们使用 CVaR 来度量下行风险。此外，在具有两种产能的均值方差模型中，在"只有金融对冲"或整合风险管理下，利润方差几乎是恒定的（相对于需求波动）。这一差异反映出我们增加了可靠的国内产能，并与其他对冲期权产生了互动。

5.5 整合对冲与产能回流

本章探讨全球企业如何运用产能回流、生产转换和金融对冲来缓解供应不确定性、需求风险和汇率波动。我们采用均值—CVaR 优化来分解运营与金融，运营灵活性使 CVaR 约束下的期望利润最大化，而金融对冲使 CVaR 在期望利润最低约束下最小化。我们发现，首先，运营灵活性和金融对冲可以互补。运营灵活性提高了期望利润，降低了下行风险，而金融对冲可以将下行风险降至最低，并可以改变产能组合的可行性（只有通过放松 CVaR 约束）。其次，运营灵活性和金融对冲是降低风险的替代品。金融对冲单独使用时，在 CVaR 方面具有更大的风险降低效果。最后，在均值—CVaR 效用方面，运营与金融之间的合作对于降低替代效应是必不可少的。有效的金融对冲依赖对运营灵活性决定的现金流分布的精确估计，而 CVaR 约束使得产能选择的可行性依赖金融对冲。

整合风险管理的研究为今后提出了若干研究方向。第一，我们的一期、二期计划可以延长，以适应多期的情况。在多期情况下，动态金融对冲与长期产能投资可以同时进行。第二，由于我们的模型处理两个货币区的情况，它可能会扩展到多个货币区。第三，我们已经重点研究了单一公司的生产网络。因此，可以研究分散型供应链。第四，全球公司可以在各种竞争环境下进行定价决策（汇率传递）。第五，可以通过实证研究来检验运营灵活性与金融对冲的相对有效性。例如，Kim 等（2006）研究了这些策略在缓解货币风险方面的关系。

6 供应链金融

本章为供应链金融（SCF）提供了一个理论框架，并对其应用进行了总结。我们首先提出一个供应链金融工具的分类框架，然后讨论它们的基本机制。接下来，将探讨营运资金（流动资金）管理的概念和实证研究。最后，介绍了新兴的概念、分析和实证研究是如何确立供应链金融的价值及其发展基础的。

6.1 供应链金融的概念框架

虽然供应链金融的概念已经被研究者和实践者以不同的方式定义，但供应链金融通常有三个范围（Steeman，2014；Liebl 等，2016；Templar 等，2016），如图 6 - 1 所示。

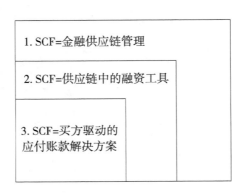

图 6 - 1 供应链金融的定义

首先，"供应链金融"是指对供应链中货币流动和金融流程的管理。因此，金融供应链管理被定义为"对供应链现金流进行优化规划、管理和控制，以促进高效的供应链物流"（Wuttke 等，2013a）。一个密切相关的定义是金融供应链是"组织和银行构成的网络，通过金融流程和共享信息系统协调资金的流动和金融交易，以支持和促进产品供应链中贸易伙伴间的商品和服务流"（Blackman 等，2013）。其次，供应链金融也可以看作金融工具的集合，以提高供应链的货币流动效率。"供应链金融利用金融工具、方法和技术来优化合作伙伴供应链流程中的营运资本、流动性和风险管理"（EBA，2014）；或"公司间融资优化以及与客户、供应商和服务提供商的融资流程整合以增加所有参与公司的价值"（Pfohl 和 Gomm，2009）。最后，供应链金融可以简单地将供应商融资描述为买方驱动的应付账款解决方案——主要是反向保理，即"贷款人只从特定信息透明的高质量买方那里购买应收账款"。该保理商只需要收集信贷信息和计算选定买方的信贷风险，如大型国际认可的公司（Klapper，2006）。

根据触发事件的时机、信用风险的重点、抵押品的可用性和资产负债表中的融资要素，可以从不同的角度对各种供应链金融解决方案进行分类。

根据触发事件的时机，供应链金融可分为三类，如图 6-2 所示。第一类是装运前融资，使供应商能够根据买方的采购订单从出资方获得资金，用于满足产品交付前周转资金需求（如产品交付前的原材料采购、库存处理、人员和管理成本）。因为抵押品对于装运前融资是采购订单而不是发票，信用风险相对较高。因此，供应商以这种模式提高流动性付出的利率通常是高的，不过如果买方的实力雄厚、信誉良好，这个利率有可能降低。这种类型的供应链金融应用的例子是新产品的推出。这种情况下，供应商需要资金，以满足信誉良好的买方对新生产设施的产能投资需求，然后买方与银行一起为供应商启动融资。第二类是在途融资。基于具有一定数量和质量、正在运输或嵌入其他物流过程中的产品或库存，金融机构向借款人提供贷款。在途融资的可移动抵押物是装运中的产品本身，因此相关的信用风险小于装运前融资，贷款的利率也就相应降低了。第三类是装运后融资。出资方基于应收账款（通常是贴现的），为借款人设立信用额度。在这种情况下，抵押品是发票、装运单据或向买方开出的汇票。因此，信贷风险相对较低，融资率较好。

根据信用风险的重点，图 6-3 展示了三种类型的供应链金融（EBA，2014）。第一类是针对供应商应收账款融资，通过获取金融机构或买方的资金，流动性解决方案可加速将应收账款转化为有利于供应商的现金支付。虽然这种类型的供应链金融工具为供应商的营运资金提供融资，但利率的确定是以任何一方（供应商或买方）担保贷款的信用评级为基础的。第二类是与存货相关的融资，使资金可以贷给供应商或买方。因为抵押品是存货或采购

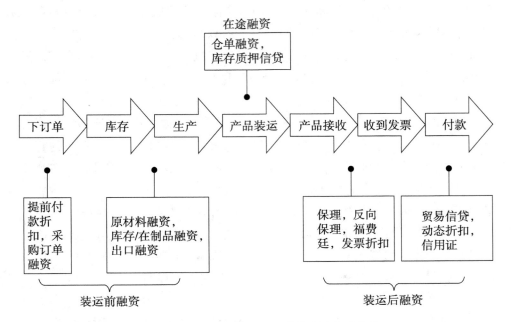

图6-2　基于触发事件时机的供应链金融分类

订单（即在开具发票之前），所以，利率通常比用已确认的发票作为抵押的贷款利率要高。第三类是买方的应付账款融资，为买方提供了提前付款折扣和供应商延长付款期限，或者金融机构的担保，以确保买方付款。信用风险和利率取决于买方的信用等级。

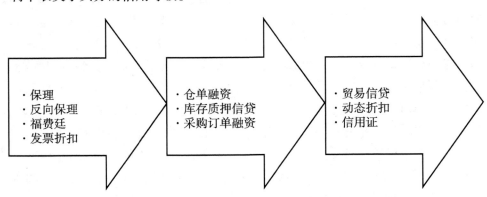

图6-3　基于信用风险重点的供应链金融分类

　　根据抵押品的可用性，我们确定了两类供应链金融（Navas-Alemán 等，2012），详见图6-4。第一类是"正常"融资，建立在可核实的信息或有形的抵押品（如发票、汇票、采购订单）基础上，因此，在发生无法交货或无法付款的情况下与执行机制有关。金融机构可以根据有关可核实抵押品的现有信息，更准确地估计和控制这类供应链金融工具的信用风险。第二类是"关系"融资，依赖于相互信任或反映关系交易历史的合同/协议中的非约束性期权，因此很少有任何有形的抵押品。"关系"融资中的出借人通常是供应链成员，它们掌握着借款人的资信和长期关系中的贸易历史信息，这一背景使出借人能够对信用风险进行适当的评估和管理。

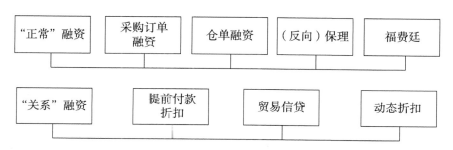

图6-4 基于抵押品可用性的供应链金融分类

最后，根据资产负债表的融资要素，可以分出三种类型的供应链金融，如图6-5所示。①股权融资。指通过出售企业股份或者转让企业所有权筹集资金，包括从现有股东那里筹集资金，到首次公开发行，再到并购。股权融资改变了相关企业的所有权结构，从而影响了供应链的竞争格局。②固定资产融资。指向借款人提供以企业的固定资产（即有形资产或者不动产，包括财产、设施、设备等）为抵押的定期贷款。因此，借款人向融资人提供公司固定资产的担保权益，以保证信贷额度。③营运资金融资。其目的是为企业的日常运营提供资金（而不是长期资产或投资），如原材料和人员成本的应付账款，确保供应链中的资金有足够的流动性。

图6-5 基于资产负债表中融资要素的供应链金融分类

6.2　供应链金融工具

　　本节中，我们将回顾在实践中经常使用的供应链金融工具，以及这些工具的融资时机、抵押品、信用担保提供者、资金提供方和受益人等，如表6-1所示。

表6-1　　　　　　　　　　　供应链金融工具一览

供应链金融工具	融资时机	抵押品	信用担保提供者	资金提供方	受益人	说明
预付款贴现	装运前	采购订单	买方	买方	供应商和买方	装运前买方以单位折扣向供应商付款
采购订单融资	装运前	采购订单	供应商	银行	供应商	基于装运前采购订单，银行购买供应商的应收账款
买方支持下的采购订单融资	装运前	有效的采购订单	买方	银行	供应商	基于装运前的采购订单，银行购买由买方担保的供应商的应收账款
仓单融资	在途	仓库收据	仓库	银行	供应商	基于仓单，银行提供资金给供应商
存货质押融资	在途	质押存货	借款人	银行	借款人	银行向借款人提供资金，用质押的存货做担保
贸易信贷	装运后	发票	供应商	供应商	买方	供应商向买方提供提前付款折扣；对延期付款收取利息
动态贴现	装运后	发票	供应商	供应商	买方	基于收到付款的时间长度，供应商提供给买方的折扣
有追索权保理	装运后	发票	供应商	银行	供应商	供应商向银行出售有追索权的应收账款
无追索权保理	装运后	发票	供应商和买方	银行	供应商	供应商向银行出售无追索权的应收账款
反向保理	装运后	有效发票	买方	银行	供应商	供应商将应收账款出售给银行，由买方担保
福费廷	装运后	发票	出口方	银行	进口方	出口方出售应收账款给银行
信用证	装运后	提单	买方	银行	供应商	买方向供应商付款的银行担保

预付款贴现（折扣）是指在产品装运前按照一定折扣提前付款给供应商，也叫"预付现金"。供应商提供的单位折扣激励买方提前付款，用于满足供应商的营运资金需求。预付款也可以缓解供应商的预算约束，从而降低买方采购的风险。

采购订单融资是中小供应商在产品交付之前，根据信誉良好的买方采购订单，从金融机构获得资金的一种融资方案。在买方没有担保的情况下，此类融资的利率取决于供应商的信用评级。当采购订单融资贷款由信誉良好的买方担保时，供应商的融资利率取决于买方的信誉，这种安排被称为买方支持下的采购订单融资。采购订单融资这一变体允许中小供应商根据银行提供的外部资金签订更大数量的订单。

仓单融资模式是指金融机构根据仓单向供应商提供资金，而仓单作为便携的抵押品，证明一定数量和质量的产品处于安全储存状态。图 6-6 描述了仓单融资模式。这里，仓单从供应商向融资方（资金提供方）转移，意味着从安全的仓库在任何时候提取一定数量商品的权利的转移。商定后，融资方按储存产品贴现价值的一定比例提供贷款。

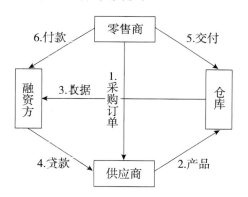

图 6-6　仓单融资模式

存货质押（库存质押）融资是金融机构向借款人提供的一种与存货紧密相关的融资模式，以有担保的存货作为抵押品。这种融资模式可用于满足产能扩张、设备更新或材料供应等方面的营运资金需求。当其他类型的公司资产已经被利用时，质押存货可以作为抵押品获得贷款。

贸易信贷是指在一定期限内汇出货款时买方在批发价基础上获得一定折扣的合同条款。买方在支付了折扣后的批发价之后，还必须支付预先规定的利息。贸易信贷是全球贸易中十分常用的短期融资工具之一（Rajan 和 Zingales，1998；Giannetti 等，2011）。

动态贴现是一种基于贸易信贷的批发价格折扣，折扣率随着时间的推移而逐渐降低。该供应链金融工具让买方在贸易信贷合同规定的提前付款期后尚可获得稍低的折扣率。

保理是指供应商通过以折扣价出售买方未付的应收账款并立即支付，从而从金融机构获得信用额度的一种做法。在有追索权保理中，融资方（保理商）有权要求供应商支付任何未支付的发票金额，在这种情况下，利率完全取决于供应商的信誉。在无追索权保理中，保理商要承担买方的违约风险。因此，利率取决于供应商和买方的信用评级。

反向保理是由信誉良好的买方发起的一项融资计划，为将供应商的应收账款转移给金融机构提供担保。保理在发达国家更为普遍，这些国家的供应商通常拥有较高的信用评级。反向保理可以使中小供应商以更优惠的利率融资，因为它们有信誉良好的买方的综合发票支持。

福费廷使出口商能够将进口商未付的应收账款折价出售给金融机构（包买行）。在福费廷"无追索权"中，金融机构承担了进口商付款的违约风险。该供应链金融工具可以将出口公司的应收账款作为债务工具在二级市场中交易。

信用证是银行给供应商的一种保证，保证买方以特定金额在特定日期内，在某些单据交付后支付货款。信用证可以转让，也就是说，受益人（供应商）可以在双方同意的情况下将从该信用证上提款的权利转让给另一家公司。签发信用证的银行通常需要质押的证券或文件（如提单）作抵押。

6.3　供应链中的营运资金管理

营运资金管理可以从金融和供应链的角度来研究。从金融的角度来看，（净）营运资金被定义为流动资产减去流动负债。从供应链的角度来看，营运资金等于存货加上应收账款减去应付账款。营运资金的绩效可用现金转换周期（CCC）或现金周期（C2C）衡量，CCC 或 C2C 的定义是"购买存货用于生产过程而支付现金与销售最终产品而回收资金之间的间隔时间。这个时间间隔以天为单位计算，等于平均存货时间加上平均收款期，减去平均应付账款时间的净值"（Schilling，1996）。

因此，现金转换周期为：CCC = DIO + DSO – DPO。

现金转换周期的三个组成部分定义如下：

存货周转天数（DIO）＝（存货×360）/销售成本；

应收账款周转天数（DSO）＝（应收账款×360）/收入；

应付账款周转天数（DPO）＝（应付账款×360）/现金营运总费用。

按事件发生的时间，现金转换周期各组成部分之间的关系如图6 – 7所示。

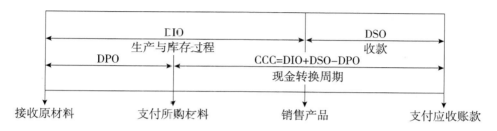

图6 – 7　现金转换周期

注：改编自（Dahiya, 2012）。

在实践中，现金转换周期的值为正，表示一个公司从开出应付账款到收到应收账款之间的天数，反之表示公司从收到客户付款到汇给供应商之间的天数。现金转换周期可以用来衡量一个公司的营运资金绩效，通常是其关键绩效指标之一。

企业现金转换周期价值与其盈利能力之间通常存在负相关关系，后者可以通过几个相关的关键绩效指标来衡量，其中包括经济增加值（EVA）和资本使用回报率（ROCE）。EVA与营运资金管理的关系如图6 – 8所示，图中NOA表示净运营资产，A/R和A/P分别为应收账款和应付账款的缩写。EVA定义为税后净营运利润（NOPAT）减去股权和债务的资金成本。用现金转换周期衡量企业营运资金管理绩效时，企业可以通过减少存货和应收账款以及增加应付账款提高绩效。这种策略会导致流动资产和固定资产的减少，并使信用评级更高。因此，公司的加权平均资金成本（WACC）较低，可以改善营运资金状况，使一个公司可以释放最初被日常运营占用的现金流，从而间接地降低生产成本，增加营业收入（Hofmann 和 Belin, 2011）。

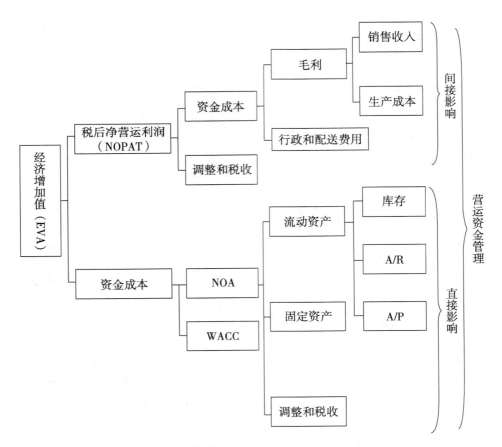

图6-8 经济增加值与营运资金管理的关系

6.4 供应链金融的新兴研究

供应链金融的研究始于概念研究和框架。框架包括了相关的合作伙伴，以及物流、资金流和信息流之间的相互联系等。涉及的合作伙伴是向买方出售产品的供应商，涉及资金流的交易由金融机构提供中介，涉及物流的交易由物流服务提供商（LSP）提供中介。供应链金融工具的采用影响了资金的使用——换句话说，影响了供应商和买方的固定资产和净营运资金的使用。

所选择的供应链金融工具的机制决定了触发事件的时间、融资期限和金额，以及以防范信用风险为重点的融资率，这些因素结合起来确定了被融资方的资金成本。物流服务提供商的传统职责是管理仓库的库存和补货，并通过选择运输方式和车辆路线来优化物流流程。通过提供基于仓单的产品存货作为贷款抵押品，物流服务提供商也可以成为供应链金融的参与者或代替金融机构提供金融服务。例如，供应链管理公司普诚华（PCH International）为西方买家的中国供应商提供融资。

随着各种供应链金融工具在实践中逐渐被采用，对供应链金融证据的研究也已开始，探索其驱动因素、主要利益、潜在的阻力、采用过程以及对供需关系的整体影响。表 6-2 对供应链金融研究进行了总结。供应链金融项目通常由大型买方或供应商、金融机构（如银行）或专业服务提供商（如物流服务提供商）发起，为需要流动资金的中小供应商或买方提供金融援助。因此，供应链中的营运资金状况是采用供应链金融的主要前提，同时也决定了所使用的供应链金融工具的类型。

供应链金融项目的主要作用在于降低了供应商或买方的融资成本。这些项目进一步加强了供应链成员的关系、提升了成员的谈判能力、改善了服务（Lekkakos 和 Serrano，2016）。供应商和买方之间的依赖关系以及它们各自的议价能力取决于买方的订单数量、被订购产品的战略价值和市场竞争的激烈程度。所有这些因素反过来又影响产品的购买价格（Liebl 等，2016）。采用供应链金融解决方案的原因是改善采用者自身财务绩效，通常需要基于议价能力来实施，进行供应链金融实践的动力是通过缓解风险确保整个供应链安全，这些实践依赖于高水平的数字化贸易过程（Caniato 等，2016）。

值得注意的是，在供应链金融交易中传输数据必须遵守有关国家的电子安全法。例如，墨西哥国家金融开发银行（Nafin）在网络管理信息系统（MIS）支持下推动供应链金融服务中小供应商，MIS 是在电子文件保管法、电子签名法和联邦财政代码（包括数字认证标准）框架内实施的。Nafin 提供多种供应链金融产品，包括保理、反向保理和采购订单，向墨西哥中小供应商提供融资。这些产品中超过 98% 是通过电子运营来降低管理成本和提高可获得性的（Klapper，2006）。

表 6 – 2 供应链金融研究总结

研究方法	样本数目/模型范围	供应链金融工具	考察的因素	文献
概念研究	供应链金融的特征和要素	供应链金融框架	机构参与者、合作特征、供应链金融的功能视角	Hofmann (2005)
模型，概念研究	供应链中的借款人和投资者，金融市场中的投资者	供应链内部和外部融资	供应链金融的对象、参与者和杠杆，现金转换周期，资金成本	Pfohl 和 Gomm (2009)
概念研究，案例研究，数值算例	供应商、接收方、物流服务提供商、金融服务提供商	库存融资	各方间目标的冲突，从融资活动中获得的额外利润，用于融资的货品价值	Hofmann (2009)
概念研究	汽车供应链	自然对冲，金融对冲，供应商融资	货币和商品价格风险，集中商品采购、运输成本	Hofmann (2011)
案例研究	6 个欧洲公司的案例	采用供应链金融	重新定义，重组，供应商参与，传播，关系强度，供应链金融杠杆作用	Wuttke 等 (2013a)
案例研究	8 个案例，基于对欧洲公司的 40 个采访	买方信贷，存货/在制品融资，反向保理、信用证、开立账户信贷，银行贷款	金融供应链管理实践和绩效的影响，不同部门间的结合，供应商关系	Wuttke 等 (2013b)
案例研究	摩托罗拉	全球金融供应链战略	金融流程的质量措施，金融和银行业信息系统，现金管理策略	Blackman 等 (2013)
案例研究	11 个案例研究，基于对欧洲、美国和中国公司的 28 个访谈	反向保理	目标与实施前提，障碍	Liebl 等 (2016)
案例研究	14 家意大利公司	反向保理，存货融资，动态贴现、发票拍卖，供应商管理库存，寄售库存	协作，讨价还价的能力，数字化水平，金融吸引力	Caniato 等 (2016)
调查	来自瑞士公司的 145 份回复	买卖双方的融资	买卖双方信息共享，融资定位和绩效，企业融资战略定位	Wandfluh 等 (2015)
模型，仿真	一条以买方为中心的供应链和一家银行	反向保理	市场竞争，供应链应收账款，利率，供应商的营运资金目标	Iacono 等 (2014)

续 表

研究方法	样本数目/模型范围	共应链金融工具	考察的因素	文献
模型，仿真	中小供应商向买方销售产品	反向保理	需求可变性，利润率，外部融资渠道	Lekkakos 和 Serrano (2016)
模型，仿真	供应商和买方	采用供应链金融	全球和当地的风险，付款条件的延长，买方的导入时机	Wuttke 等 (2016)
模型，仿真	一个买家和多个供应商	动态贴现	日贴现率，流动资产价值，营运资金净额	Gelsomino 等 (2016)

建立供应链金融项目的主要成本有两个：①组织间供应链协作和公司内部跨职能协调的管理成本；②对贸易流程数字平台的投资（Wandfluh 等，2015）。例如，瑞士邮政集团与宝洁公司合作在一个试点项目中提供物流和金融综合服务。由于宝洁公司产品在瑞士的零售商规模差异很大，中小零售商的信用评级较低可能导致资金成本上升。在这种情况下，订单管理被捆绑在一个集中的物流平台上，瑞士邮政物流公司作为供应链中介提供物流和融资综合服务。瑞士邮政物流公司依靠信息系统来承担宝洁公司产品的批发商和零售商的金融服务（如开发票、债权管理、债务催收），并且资金成本低于它们各自的资金成本。在这种安排下，瑞士邮政物流公司不仅以物流服务提供商的角色获得货物所有权，而且作为金融服务提供商通过获得数量折扣降低供应链中的资金成本。瑞士邮政物流公司可以将商品以宝洁公司政策规定的标准价格出售给零售商，并收取物流等相关费用（Hofmann，2009）。近年来，金融科技的创新迅速涌现并有望持续增长（EY，2017）。颠覆性创新，如区块链技术，其特点是点对点网络、加密和采用数字签名、数据的不变性和去中心化（Antonopoulus，2015）。这使得供应链金融在金融服务中的采用成为可能并促进其发展。

供应链金融工具的成功在很大程度上取决于供应链中各方的利益分配。建议信用等级较高、采购数量较多、付款期限较长的买家尽早应用供应链金融，因为它们从现代供应链金融工具中获益最多。此外，应明确营运资金目标，以协调供应链协作和跨职能合作中的激励因素。供应链金融团队需要与采购、运营、IT、法律和财务部门密切合作。另外，数字化程度在供应商发票处理等功能方面提供实时透明度起着关键作用。确保公司的企业资源计划系统与供应链金融平台兼容，通常需要管理上的努力和技术上的调整。买家可以根据供应商的战略重要性和信誉对其进行分类，最先将最重要的供应商纳入系统，然后逐步将更多的供应商纳入系统。尽管供应链金融项目对中小供应商的好处最大，但在实践中，最先加入试点项目的是规模较大的供应商，这需要考虑项目的表外效应。随着供应链金融的成功采用，中小供应商也将逐渐加入进来（Wuttke 等，2013a，2016）。

7 用装运前融资工具管理供应商金融风险

在这一章，我们提出了一个程式化的模型，用两个装运前融资工具来管理供应商金融困境的风险：预付款折扣（APD）和买方支持的采购订单融资（BPOF）。分别分析了 APD 和 BPOF 的作用机理。接下来，描述了在单融资和双重融资模式下，APD 和 BPOF 之间的平衡。此外，还用数值方法研究了需求变异性和零售商的内部资金水平对融资均衡和供应链效率的影响。最后对全章进行了简要总结，并对未来的研究方向进行了展望。

7.1　贸易融资工具

供应商的金融困境会严重影响供应链的效率。例如，在 2008 年 2 月，克莱斯勒暂时关闭了 4 家装配厂，并取消了第 5 家工厂的一个班次，理由是在其供应商普拉斯奇（Plasech）申请破产保护后出现了零部件短缺（Nussel 和 Sherefkin，2008）。买方可以通过贸易融资工具缓解其供应商的金融困境（Chauffour 和 Malouche，2011），特别是买方可以通过在产品发货前以折扣的方式预付货款来为供应商融资。这一做法被称为"预付现金"①。在 2008 年国际货币基金组织（IMF）对贸易融资工具市场份额的估计中，预付款折扣占全球贸易融资的 19% ~22%（即 3 万亿 ~3.5 万亿美元），这在关于供应链金融、银行金融和贸易信贷（即赊销）的文献中已有许多探讨（Jing 等，2012；Kouvelis 和 Zhao，2012；Cai 等，2014）。相比之下，尽管在实践中普遍存在，关于预付款折扣的研究却少之又少。因此，本章旨在评估预付款折扣在供应商金融困境管理中的价值。

---

① 预付现金和预付款折扣的区别在于供应合同是否包含单位折扣。因此，预付款折扣可以看作预付现金的特殊情况。

缓解供应商资金约束的另一种贸易融资工具是 BPOF，即金融机构根据由买方担保的采购订单提供贷款，在订单交付前为供应商融资（Martin，2010；Tice，2010）。墨西哥国家金融开发银行发起了这类项目（Klapper，2006）。此外，专业贷款网络 PurchaseOrderFinancing. com 自 2002 年以来，为了促进美国、英国、加拿大和中国的业务增长，已经获得了超过 7.5 亿美元的资金（PurchaseOrderFinancing. com，2016）。尽管 BPOF 已成为一种可行的贸易融资工具，其受到的关注仍然相对较少。因此，我们的研究试图评估在预算有限的供应链中，BPOF 的影响及其与预付款折扣的相互作用。

总之，我们试图解决以下研究问题。

（1）哪种融资策略（APD 或 BPOF）更有效？零售商应该选择哪种？

（2）当两种贸易融资工具都能被采用时，APD 和 BPOF 的融资平衡是什么？

（3）零售商的最佳采购和融资决策如何影响供应链效率？

为了回答这些问题，我们首先分析了 APD 和 BPOF 在一个资金紧张的中小供应商和一个大型零售商的供应链中的作用机制。此外，我们还推导出了 APD 与 BPOF 之间的融资均衡关系，并证明了 APD 的均衡区域在零售商的内部资金水平和需求变异性上都在增加。因此，更大的需求不确定性增加了供应链风险分担的需求。当使用两种贸易融资工具都可以时，零售商倾向于选择 APD，并只在特定条件下启动 BPOF。也就是说，从零售商那里获得资金比从金融机构处获得资金具有更高的优先级。此外，我们发现，当需求变异性和零售商的内部资金水平分别在一定的区间内时，存在相当大的竞争惩罚成本。因此，供应链合作伙伴之间的动机协调是减轻竞争惩罚的关键。

7.2　具有 APD 和 BPOF 的供应链

我们考虑一条由一个中小供应商和一个大型零售商组成的供应链，各方都假定为风险中性。零售商向供应商订购 q 单位的产品，供应商产能为 K。供应商和零售商在装运前内部资金都有限，因此任何一方都可能受到资金约束。零售商和供应商有长期的资本结构，完全由股权融资，并在销售季节前有短期债务到期。因此，两方在装运前都面临金融困境的风险，这种风险的发生与否取决于内部资产是否足以支付贷款债务。供应商有内部资产 A_s 和短期债务 L_s。假设供应商的资产 A_s 是随机的，直到销售季节才实现（Babich，2010；Hortacsu 等，2011；Yang 等，2015）。此时有累积分布（CDF）$\Phi(A_s)$、概率密度函数（PDF）$\varphi(A_s)$，且对于 $0 \leq \underline{A}_s < \bar{A}_s \leq \infty$ 有 $A_s \in [\underline{A}_s, \bar{A}_s]$。财务违约与资产变现低于阈值 $\bar{A}_s$ 有关。供应商的短期债务 L_s 是确定的，将在销售季节之前到期[①]。作为一家大型企业，该零售商在金融机构的信用评级高于中小供应商。表 7-1 总结了本研究中的数学符号。

表 7-1　　　　　　　　　　　数学符号总结

符号	描述	假设
π_i	供应商、零售商和金融机构的期望利润	$i = s, r, c^*$
A_i	供应商/零售商的资产水平	外生，$i = s, r$
L_i	供应商/零售商在订单交付前到期的短期债务	外生，$i = s, r$
D	产品需求	外生，随机
$f(\cdot)$	需求分布的概率密度函数（PDF）	外生，$f(D) > 0$
$F(\cdot)$	需求分布的累积分布函数（CDF）	外生，对于 $0 \leq a < b \leq \infty$ $F(D)$ 有 $[a, b)$ 支持
$\bar{F}(\cdot)$	需求分布的互补累积分布函数（CCDF），$\bar{F}(D) = 1 - F(D)$	外生
$h(\cdot)$	需求分布的失败率，$h(\cdot) = f(\cdot)/\bar{F}(\cdot)$	外生，在需求 D 递增
$\varphi(\cdot)$	供应商资产分布的 PDF	对于 $0 \leq \underline{A}_s < \bar{A}_s \leq \infty$ 有 $A_s \in [\underline{A}_s, \bar{A}_s]$
$\Phi(\cdot)$	供应商资产分布的 CDF	外生
$\bar{\Phi}(\cdot)$	供应商资产分布的 CCDF，$\bar{\Phi}(A_s) = 1 - \Phi(A_s)$	外生
K	供应商的产能	决策变量，$K \in \mathbb{R}_+$

①　在实践中指的是供应商被债权人告知债务金额和到期日期，而内部资产的价值受市场变量（如利率和商品价格）的影响。这使得内部资金水平具有随机性，增加债务的随机性不会改变我们的主要结果的结构。

符号	描述	假设
q	零售商向供应商的订货数量	决策变量
w	单位批发价格	决策变量，$p > w > c_p + c_k$
d	零售商在订单交付前支付给供应商的预付款的折扣率	决策变量，$d \in \left[0, \dfrac{w - c_p - c_k}{w} \right]$
c_p	供应商的单位生产成本	外生的，确定的，$w > c_p + c_k$
c_k	供应商的单位产能成本	外生的，确定的，$w > c_p + c_k$
p	单位产品价格	外生的，确定的，$p > w$
α	按比例计算的金融困境成本，表示为重组所筹措资金的 $(1 - \alpha)$	外生的，确定的，$\alpha \in (0,1)$
β	在双重融资方案下，以批发价订购的部分	决策变量，$\beta \in (0,1)$
γ	按比例计算的清算成本，表示为财务违约时企业价值的 $(1 - \gamma)$	外生的，确定的，$\gamma \in (0,1)$
δ	供应商清算时，零售商赔偿金融机构损失的部分	外生的，$\delta \in (0,1)$
λ	供应商从金融机构收到的采购订单金额的一部分	决策变量，$\lambda \in [0, \bar{\lambda}]$，$\bar{\lambda} \in (0,1)$
r	金融机构向供应商提供的 BPOF 贷款利率	$r \geqslant 0$
r_f	无风险利率	$r_f = 0$
r_s	商业银行提供给供应商的利率	r_s

供应商资金紧张，零售商在向供应商提供融资时也可能遭遇金融困境。例如，通用公司和克莱斯勒都经历了破产保护，2009 年进行重组，同时向中小供应商提供金融援助（Marr，2009）。我们假设零售商的资产和负债是确定的[①]，资本市场并不完善。也就是说，当一家公司无法偿还债务时，它既可以被清算，也可以与债权人协商，同时还要经历一个代价高昂的重组过程。在

[①] 一个大公司通常采用金融对冲来减轻市场动态变化（包括商品价格、汇率和利率）的影响。因此，其资产和负债的价值在短期内是确定的。

清算的情况下，金融违约成本占企业价值的比例为 $1-\lambda(0<\lambda<1)$。在重组的情况下，金融困境的成本占所筹措资金的比例为 $1-\alpha(0<\alpha<1)$（Leland，1994；Gamba 和 Triantis，2014）。

需求 D 是随机的，要到销售季节才能实现。需求分布函数 $F(D)$ 是绝对连续的，密度 $f(D)>0$ 上对于 $0\leqslant a<b\leqslant\infty$ $F(D)$ 有 $[a,b)$ 支持。它有一个有限的均值和逆 $F^{-1}(D)$。失败率 $h(D)\triangleq f(D)/\bar{F}(D)$ 在需求 D 上递增，这里 $\bar{F}(D)=1-F(D)$。$H(D)\triangleq Dh(D)$ 表示广义失败率，$H(D)$ 在需求 D 单调递增。假设 F 有一个严格递增的广义失败率（IGFR），且 $h(D)=Df(D)/[1-F(D)]$。在不失一般性的情况下，无风险利率 r_f 归一化为零（Brennan 等，1988；Jing 等，2012）。这使我们可以集中于 APD 和 BPOF 的有效利率（实际利率高于无风险利率）。

BPOF 是唯一的装运前选择的外部融资。在这种情况下，零售商与金融机构启动三方协议，在零售商担保的基础上向供应商提供 BPOF 贷款。图 7-1 描述了 BPOF 中的事件顺序。在这种情况下，中小供应商无法获得其他类型的外部融资，因为其信用评级很低。

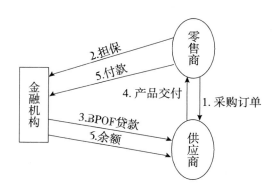

图 7-1 BPOF 中的事件顺序

因此，在不失一般性的情况下，商业银行提供给供应商的贷款利率假定为 $r_s=\infty$。我们假设没有备用的供应商可获得。在实践中，这包括两种情况：一是不存在替代供应商；二是对替代供应商进行资格审查所需的提前期较长。例如，宝马公司从供应商 Edscha 处采购 Z4 敞篷车的天窗，该供应商 2009 年 2 月申请破产。即使宝马公司可以找到一个替代供应商，但至少 6 个月后，新供应商才能开始生产敞篷车的天窗（Sodhi 和 Tang，2012）。基于这些考虑,买方只有寻求装运前融资工具为供应商融资,以弥补营运资金的不足。

由于 APD 和 BPOF 的实现都与零售商的意愿有关,所以零售商可以在这两种融资策略中进行选择。为了聚焦融资方案,我们的模型是基于批发价格合同的,因为它简单且在实践中广泛应用。为了避免金融困境和破产的成本,中小供应商可以合理规划产能。因此,零售商有帮助供应商融资的动力,从而确保订单交付。产能建设与提前期相关,且生产没有提前期。在销售季节之前,供应商以单位产能成本 c_k 设置产能 $K \in \mathbb{R}_+$,然后在销售季节供应商按单位生产成本 c_p 进行生产,产能的剩余价值为零。

事件的时间轴如图 7-2 所示。零售商向供应商报出批发价 w。如果供应商接受这个批发价,它将提供单位折扣率 d。供应商确保获得盈利 $w(1-d) > c_p + c_k$。然后零售商决定订货数量 g,并选择融资策略。供应商在决定它的产能 K 时,不仅考虑零售商的订货数量,还取决于它的营运资金融资的程度。为了防止遭遇金融困境的供应商投资不足,零售商有通过 APD 或 BPOF 提供装运前融资的动力。如果零售商选择 APD,其会在产品装运前付款给供应商。如果零售商选择 BPOF,其会提供一个保证,即根据零售商的信用评级,金融机构会提供一个 BPOF 合同 $(\bar{\lambda}, r)$ 给供应商。这里 $\bar{\lambda} \in (0,1)$ 是金融机构愿意放贷的采购订单份额上限,r 是 BPOF 利率。如果供应商接受 BPOF 合同,那么它(在合同允许的范围内)设定一个借款水平,之后会从该金融机构收到金额为 λwq 的 BPOF,实现了供应商内部资产水平的随机化。供应商和零售商的短期债务都在需求实现之前到期。

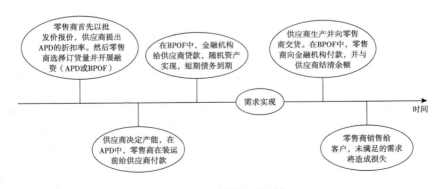

图 7-2 事件的时间轴

销售季节开始，需求实现，然后供应商生产并交付给零售商。在"基本情况"下，零售商支付 $\min(q,K)$ 的金额给供应商。在 APD 中，如果未完成任何预付的订货量，零售商都将收到供应商的退款。在 BPOF 中，如果供应商继续运营或进行重组，则零售商向金融机构支付采购订单总额，金融机构扣除 BPOF 贷款的本金和利息，然后将余额支付给供应商。如果供应商处于清算阶段，则金融机构没收供应商的流动资产，零售商支付先前商定的金融机构损失的 δ 部分作为补偿，因为 BPOF 贷款是由其担保的。零售商以市场决定的单价 p 出售产品给顾客。我们假定 $p > w$，确保零售商是盈利的。需求未满足就会损失，未售出产品的残值为零。

7.2.1 集中型和分散型的基准

为了建立资金约束供应链的基准，我们分析了没有出现金融困境的集中型供应链和分散型供应链的案例。在一个集中型供应链中，一个拥有充足内部资金的整合企业做出产能决策，以实现全渠道的最佳期望利润。做出产能决策 K 的整合企业的期望利润为

$$\pi^{csc}(K) = (p - c_p)E\min(K,D) - c_k K \qquad (7-1)$$

利润函数为凹函数，最佳的解决方案是 $K^{csc} = F^{-1}\left(\dfrac{p - c_p - c_k}{p - c_p}\right)$。

在分散型供应链中，假设零售商和供应商都有充足的内部资金。零售商的问题相当于式（7-1），除它以批发价格 w 订购存货外，不是按成本 c_p 和 c_k 进行生产。因此零售商的期望利润是

$$\pi_r^{dsc}(q,w) = pE\min\left[D,\min(q,K)\right] - w\min(q,K) \qquad (7-2)$$

利润函数为凹函数，其最优解是 $q^{dsc} = F^{-1}\left(\dfrac{p - w}{p}\right)$。相比之下，$q^{dsc} = F^{-1}\left(\dfrac{p - w}{p}\right) < K^{csc} = F^{-1}\left(\dfrac{p - c_p - c_k}{p - c_p}\right)$，该式反映了"双重边际效应"的结果（Spengler，1950）。

对于任何批发价，供应商预测零售商的订货量。供应商将面临需求曲线 $q^{dsc}(w)$ 并选择最优产能 K^{dsc} 来使自己的利润最大化：

$$\pi_s^{dsc}(K,w) = (w - c_p)\min(q,K) - c_k K \qquad (7-3)$$

我们使用了 Lariviere 和 Porteus（2001）的方法，并将供应商的反需求函数写成 $w(q) = p\bar{F}(q)$。我们定义 $\hat{q}$ 为点集的最小上界，使 $v(q) \geqslant 1$。对于 $q \in [a,b)$ 和 $\hat{q} \in [a,\infty)$，如果我们假设 $v'(q) \leqslant 0$，那么零售商订单的价格弹性就是 $v(q) = -w(q)/[qdw(q)/dq]$。

引理 7.1，在一个资金充足的分散型供应链中，供应商的一阶条件为

$$p\bar{F}(K^{dsc^*})[1 - h(K^{dsc^*})] = c_k + c_p \qquad (7-4)$$

供应商的利润在 $[0,\infty)$ 上是单峰的，在区间 $[0,a]$ 上是线性和严格递增的，在 $[a,\hat{q}]$ 上是严格凹的，在 $(\hat{q},\infty)$ 上是严格递减的。供应商的最优产能是 $K^{dsc} = q^{dsc}$，其最优销售量要么是 q^{dsc} 要么是 a，且最优批发价为 $w^{dsc} = p\bar{F}(q^{dsc}) = \dfrac{c_k + c_p}{1 - h(q^{dsc})}$。

7.2.2 基本情况

在"基本情况"下，一个大型零售商从一个中小供应商订货，其中各方可能受到资金约束，且无论是 APD 还是 BPOF 都不可行。因此，零售商的期望利润是 $\pi_r^{bc}(q,w) = pE\min[D,\min(q,K)] - w^{bc}\min(q,K)$。假设资金受限的供应商的产能决策为 K^{bc}，那么它的利润函数是

$$\pi_s^{bc}(K,w) = \begin{cases} (w - c_p)\min(q,K) - c_k K & \text{持续经营} \\ (w - c_p)\min(q,K) - c_k K - (1-\alpha)(L_s - A_s + c_k K) & \text{资产重组} \\ 0 & \text{资产清算} \end{cases}$$

订单交付之前，如果供应商的流动资产能够覆盖当前的债务（即 $A_s \geqslant L_s + c_k K$），那么供应商延续运营[①]。否则，供应商需要在破产、重组或清算中作出选择。只有当金融困境的成本超过重组下公司的运营利润，其才会

---

① 在本章中，使用类似的逻辑可以很容易地推导出持续经营、资产重组和资产清算的条件。为了便于论述，我们在后面省略了相应的解析表达式。

选择清算（Yang 等，2015），也就是说，如果供应商重组后的期望利润是正的，那么即使重组花费较大也会是第一选择。因此，对于 $\hat{A}_s \triangleq L_s + c_k K$，供应商延续经营的概率是 $\Pr(c) = \overline{\Phi}(\hat{A}_s)$，对于 $\tilde{A}_s \triangleq L_s + c_k K - \dfrac{(w - c_p)\min(q, K) - c_k K}{(1 - \alpha)}$，清算的概率为 $\Pr(l) = \Phi(\tilde{A}_s)$，重组的概率为 $\Pr(r) = \Phi(\hat{A}_s) - \Phi(\tilde{A}_s)$。为了避免产生与金融困境或违约相关的成本，供应商可以设置比零售商的订货数量更少的产能（投资不足）。

在清算的情况下，供应商的利润为零，所以它的最优产能为 $K^{bc*} = 0$。在延续经营和重组的情况下，供应商的最优产能决策 K^{bc} 可以从一阶条件中得到：

$$
\begin{aligned}
p\overline{F}(K^{bc*})[1 - h(K^{bc*})] &= c_p + c_k & \text{持续经营} \\
p\overline{F}(K^{bc*})[1 - h(K^{bc*})] &= c_p + (2 - \alpha)c_k & \text{资产重组}
\end{aligned}
\tag{7-5}
$$

供应商的最优产能可以通过对每种情景下的最优产能进行加权平均得到。这里，$w^{bc*} = \dfrac{(c_p + c_k)\Pr(c) + [c_p(2 - \alpha)c_k]\Pr(r)}{1 - h(K)}$。一阶条件表明供应商在单位生产的边际效益和单位产能的边际成本之间进行权衡。

7.3　用 APD 或 BPOF 进行融资

为了建立分析 APD 与 BPOF 融资平衡的基础，我们首先研究了所聚集的供应链中这两种工具只有一种可行的情况。

7.3.1　买方支持的采购订单融资（BPOF）

我们从零售商只采用 BPOF 的情况开始，零售商联系了一家金融机构，该金融机构根据它的采购订单为供应商确立了信用额度。

回顾一下前面讨论的内容，零售商通过向金融机构提供贷款担保（代表供应商）发起 BPOF，然后提供一个 BPOF 合同 $(\bar{\lambda}, r)$ 给供应商。供应商接受

BPOF 合同，可以选择借贷水平 $\lambda \in [0, \bar{\lambda}]$，然后它从该金融机构获得了 BPOF 贷款 λwq。如果供应商在产品装运前偿还了它的短期债务 L_s，那么它将在销售季节持续经营，否则，供应商申请破产，并选择资产重组或资产清算。当供应商的内部资产低于阈值 $\tilde{A}_s = L_s + c_k K - \lambda wq - \dfrac{(w - c_p)\min(q, K) - c_k K - \lambda wqr}{1 - \alpha}$

时，它就进行资产清算，因此资产清算的概率为 $\Pr(l) = \Phi(\tilde{A}_s)$。供应商在需求实现后进行装运。在持续经营或资产重组的情况下，零售商偿还金融机构，金融机构扣除 BPOF 贷款的本金和利息，然后将余额汇给供应商。然而，在资产清算的情况下，该采购订单融资贷款是违约的。然后，金融机构接收供应商的流动资产，作为供应商信用担保的零售商支付先前确定的金融机构损失的一部分，即 δ。金融机构收取的任何额外费用忽略不计，因为它们通常很小，不会影响我们的结构性结果。

我们使用逆向归纳得出供应链中的最优决策。在只有 BPOF 的情况下，零售商的期望利润是

$$\pi_r^{bpof}(q, w) = pE\min(D, \min(q, K)) - w\min(q, K) -$$

$$\int_{\underline{A}_s}^{\tilde{A}_s} \delta\{\lambda wq - \gamma[(w - c_p)\min(q, K) - c_k K - \lambda wqr + A_s - L_s]\}\varphi(A_s)\,\mathrm{d}A_s$$

$$(7-6)$$

如果零售商发起 BPOF 获得的期望利润超过基本情况下的期望利润，它将同意担保供应商的信用，也就是说，$\pi_r^{bpof}(q, D, K) \geqslant \pi_r^{bc}(q, D, k)$。因此，买方参与 BPOF 的可能性随着供应商清算可能性 $\Phi[\tilde{A}_s]$ 的增加而降低。

供应商做出运营与金融决策，使其利润最大化：

$$\pi_s^{bpof}(K, w, \lambda) = \begin{cases} (w - c_p)\min(q, K) - c_k K - \lambda wqr & \text{持续经营} \\ (w - c_p)\min(q, K) - c_k K & \text{资产重组} \\ \quad - (1 - \alpha)(L_s - A_s - \lambda wq + c_k K) - \lambda wqr & \\ 0 & \text{资产清算} \end{cases}$$

我们将供应商盈亏平衡的 BPOF 利率表示为 $\tilde{r}$，供应商最优借款水平 λ^* 在命题 7.1 中进行了定义。

命题 7.1，仅在买方支持的采购订单融资情况下，供应商的最优借款水平为

$$
\lambda^* = \begin{cases} \arg\max\limits_{\lambda \in (0,\bar{\lambda}]} \tau_s(\lambda, w, K) & \text{如果 } r < 1 - \alpha \text{ 且 } r \leqslant \hat{r} \\ 0 & \text{否则} \end{cases}
$$

在清算的情况下，供应商的最优产能 $K^{bpof*} = 0$。否则 K^{bpof*} 满足一阶条件：

$$
\begin{aligned}
p\bar{F}(K^{bpof*})[1 - h(K^{bpof*})] &= c_p + c_k & \text{持续经营} \\
p\bar{F}(K^{bpof*})[1 - h(\bar{K}^{bpof*})] &= c_p + (2 - \alpha)c_k & \text{资产重组}
\end{aligned} \tag{7-7}
$$

命题 7.1 表明，如果资本约束导致供应商在产能上投资不足，那么 BPOF 可以在支付利息的情况下降低这种情况发生的风险。借款水平为正的条件，即 $r < 1 - \alpha$ 和 $r \leqslant \hat{r}$，保证了 EPOF 的融资成本低于一定比例的金融困境成本，并且对供应商来说是有利可图的。如果 BPOF 贷款足以为供应商提供营运资金 $(\bar{\lambda} \geqslant \dfrac{c_k K^{bpof} + L_s - A_s}{wq^{bpof}})$ 且 $r \leqslant \hat{r}$，那么供应商投资产能为 $K^{bpof} = q^{bpof} = F^{-1}(\dfrac{p-w}{p})$，即该供应商的资金可能不紧张。换句话说，如果 BPOF 的贷款足以满足供应商的营运资金需求，则供应商无须考虑金融限制就能做出运营决策。

预计供应商的反应，金融机构决定 $(\bar{\lambda}, r)$ 以使自己的期望利润最大化：

$$
\pi_c = \bar{\Phi}(\tilde{A}_s)\lambda wqr +
$$

$$
\int_{\underline{A}_s}^{\tilde{A}_s}(1 - \delta)\{\gamma[(w - c_p)\min(q, K) - c_k K - \lambda wqr + A_s - L_s] - \lambda wq\}\varphi(A_s)\,\mathrm{d}A_s
$$

$$
\tag{7-8}
$$

等式右边第一项是供应商延续运营或重组时金融机构的期望收益，第二项是供应商违约清算时金融机构的期望收益。尽管 BPOF 提供商的数量很难估

计，但《纽约时报》报道称，美国市场上至少有 6 家主要的 BPOF 公司（Martin，2010）。因此，我们假设 BPOF 借贷市场是竞争性的，由此可知，金融机构的期望收益为零：

$$\lambda w q r \left[\overline{\Phi}(\tilde{A}_s) - (1 - \delta) \Phi(\tilde{A}_s) \gamma \right] + \int_{\underline{A}_s}^{\bar{A}_s} (1 - \delta)$$

$$\gamma \left[(w - c_p) \min(q, K) - c_k K + A_s - L_s \right] \varphi(A_s) \mathrm{d}A_s = (1 - \delta) \Phi(\tilde{A}_s) \lambda w q$$

$$(7 - 9)$$

式（7 - 9）显示，当 $\overline{\Phi}(\tilde{A}_s) > (1 - \delta) \Phi(\tilde{A}_s) \gamma$ 时，r 随 λ 的增加而增加。换句话说，如果持续经营和重组的联合概率大于清算概率乘破产成本比率和损失补偿因子（这是实践中经常满足的一个条件）时，如果供应商的期望借贷水平较高，金融机构将以更高的利率收费。其根本原因是贷款风险随着贷款规模的增大而增大。

BPOF 使供应商能够根据零售商的信用评级从金融机构获得营运资金，通过提供三个好处创造了"三赢"的局面。一是缓解由于供应商的金融困境导致的零售商供应短缺；二是为供应商的营运资金提供融资，以确保订单的完成（以 BPOF 利息为代价）；三是向金融机构支付 BPOF 利息。与在供应链内转移资金的预付款折扣相比，通过 BPOF 使用金融机构的资金可以使供应商满足订单要求，而零售商可以延长付款期限。

我们的推论与实际情况一致，即 BPOF 不仅有利于供应商和买方，也有利于金融机构（Klapper，2006；Navas - Alemán 等，2012）。对于供应商来说，BPOF 降低了交易和借贷成本。BPOF 以优惠的利率提供营运资金，通过减少应收账款周转天数（DSO）提升即时流动性，从而缩短现金周期（C2C）（Farris 和 Hutchison，2002）。从买方的角度来看，由于它的应付账款由金融机构管理，因此它处理多个供应商不同付款条件的管理成本降低。通过对供应商的流动资金进行融资，买方可以提高自己的声誉，与中小供应商的关系更加密切。对于金融机构来说，BPOF 帮助其发展与供应商的关系。例如，中小供应商的信用历史可以基于 BPOF 建立。由于 BPOF 只涉及高质量的应收账款，金融机构可以在不增加信贷风险的情况下扩大运营。

7.3.2 预付款折扣（APD）

在以下情况下，零售商只接受预付款折扣：这里我们假设零售商在订单交付前以折扣价购买预订的全部产品。虽然零售商没有破产的风险，但如果它只通过预付款折扣为供应商融资，则可能会面临短期金融困境。零售商提供批发价 w，且供应商提供预付款折扣率 $d \in \left[0, \dfrac{w-c_p-c_k}{w}\right]$。然后零售商决定订货数量 q，只采用预付款折扣，在产品装运前支付 $wq^{apd}(1-d)$ 的货款给供应商，并在交付后收到 $w(1-d)(q^{apd}-K^{apd})^+$，以防任何订购数量得不到满足。

在这种只使用预付款折扣的情况中，供应商在产品交付之前收到订单全款。当预付款折扣足以弥补供应商营运资金 $[w(1-d)q \geqslant c_k K^* + L_s - A_s]$ 时，供应商就可以设置最优产能 $K^{apd*} = q^{apd*}$ 而不存在金融困境，且其利润为 $\pi_s^{apd}(K,w) = [w(1-d)-c_p]\min(q,K) - c_k K$。相比之下，拥有初始资产 A_r 和短期负债 L_r（在订单交付前到期）的零售商可能会遭遇金融困境。考虑到自己的内部资产，只要不会导致破产清算，零售商就会选择预付款折扣。零售商的目标是使期望利润最大化，即 $\pi_r^{apd}(K,w) = pE\min[D,\min(q,K)] - w(1-d)\min(q,K) - (1-\alpha)[L_r+w(1-d)q-A_r]^+$

命题 7.2，在预付款折扣足以弥补供应商营运资金的情况下，零售商的最优订货量 q^{apd} 满足：

$$
\begin{aligned}
p\bar{F}(q^{apd}) &= w(1-d) &\qquad \text{持续经营} \\
p\bar{F}(q^{apd}) &= w(1-d)(2-\alpha) &\qquad \text{资产重组}
\end{aligned} \tag{7-10}
$$

此外，当且仅当 $(1-d)(2-\alpha) \leqslant 1$ 时，$q^{apd} \geqslant q^{dsc}$。

该命题论证了当零售商的内部资产水平低于某个阈值 $[$即 $A_r < L_r + w(1-d)q^{apd}$ 时$]$，零售商在预付款折扣的边际效应与金融困境的单位成本之间的权衡关系。当有效批发价（决定零售商的订货量的价格）$w_e \triangleq w(1-d)[1+(1-\alpha)M_{L_r+w(1-d)q^{apd}>A_r}]$ 不超过 $w^①$，预付款折扣的渠道协调效益主导金

---

① M 表示条件判断，若 $L_r + w(1-d)q^{apd} > A_r$，则为 1；否则为 0。

融困境效应，因此 $q^{apd} \geq q^{dsc}$。在特例中，一个大型零售商原本就拥有内部资金储备，因此不受金融困境的影响，$w_e \leq w$，从而保证了预付款折扣的渠道协调效应（$q^{apd} \geq q^{dsc}$）。若有效批发价为 $w_e > w$，则预付款折扣的渠道协调效应主要受其金融困境影响，因此 $q^{apd} < q^{dsc}$。

零售商受益于预付款折扣的渠道协调效应，但以潜在的金融困境为代价。该供应商也受益于这一效应，可以更快地收回应收账款（Farris 和 Hutchison, 2002）。预付款折扣和 BPOF 都可以缓解供应商的资金约束：BPOF 通过向金融机构借款来增加供应链的整体融资能力，而预付款折扣则将供应链内的资金流动从自发状态转移到约束状态。除缓解供应商的预算约束外，预付款折扣降低了批发价格，从而为供应链带来协调效益，但以零售商可能陷入金融困境为代价。

7.4 APD 与 BPOF 的相互作用

到目前为止，我们分别推导出了预付款折扣和 BPOF 下的供应链最优决策。如果预付款折扣和 BPOF 都是可行的，那么自然会产生一个问题：在融资均衡中应该选择哪种贸易融资工具？要回答这个问题，4.1 节讲述了零售商在二者选其一时，在预付款折扣和 BPOF 之间如何抉择。在 4.2 节，我们给出了可同时选择预付款折扣和 BPOF 的最优融资和运营决策。

7.4.1 APD 与 BPOF 的单一融资均衡

当预付款折扣或 BPOF 单独能够满足供应商对营运资金的需求时〔当 $w(1-d)q \geq c_k K^* + L_s - A_s$ 和 $w q^* \bar{\lambda} \geq c_k K^* + L_s - A_s$〕，零售商将选择单一融资方案中的一种工具。我们假设不失一般性，如果零售商不在意是预付款折扣还是 BPOF，那么它会选择预付款折扣而不是 BPOF。

定理 7.1，在单一融资条件下，存在一个唯一的零售商内部资产水平 ω_r 的阈值，当且仅当 $A_r < \omega_r$ 时，它更倾向于选择 BPOF。否则，零售商选择预付款折扣。

零售商内部资产的阈值意味着最优融资取决于两点：一是在预付款折扣

下，渠道协调效益与金融困境成本的权衡；二是在 BPOF 下，供应商清算时有担保供应的收益与信用担保成本之间的权衡。尽管零售商在预付款折扣中支付的价格低于在 BPOF 中支付的价格，但除金融困境的风险外，它还面临着订货量较大带来的库存风险上升。当该零售商的内部资产水平高到不必担心金融困境时，它总是更倾向于预付款折扣，而不是 BPOF。

定理 7.1 表明资金更充裕的买家更喜欢使用内部资金资助供应商，而资金较为匮乏的买家（其信用评级高于供应商）应该利用这个利差从金融机构借款。这意味着，预付款折扣适合由资金有限的供应商和拥有较高内部资产水平的大型零售商组成的供应链，这是因为零售商更倾向于预付款折扣而不是 BPOF，前提是前者的渠道协调利益超过了该零售商对金融困境的担忧。这些推论与实证发现一致，即预付款折扣占全球贸易融资的 19% ~ 22%（Chauffour 和 Malouche，2011），因为拥有较大交易额的资金充裕的大型零售商更有可能采用预付款折扣。由于 BPOF 将信贷风险从陷入困境的供应商转移到高质量的买家，因此经常用于发达经济体的买家与发展中经济体的中小供应商之间的交易（Gold 和 Jacobs，2007；USAID，2011a、2011b）。

7.4.2 APD 和 BPOF 的双重融资

如果单独选择预付款折扣或 BPOF 不足以满足供应商的营运资金需求，那么可以采用双重融资方案。双重融资下，零售商从供应商处订购 $q^{df} = q_1 + q_2$。$q_1 = (1 - \beta)q^{df}$ 和 $q_2 = \beta q^{df}(\beta \in [0,1])$ 表示在装运前已经以预付款折扣支付货款，装运后以批发价支付。该零售商通过共同选择总订单量 q^{df} 和以批发价 β 支付的订货量部分来实现自身利润的最大化。当以下两个条件成立时，双重融资是可行的：① BPOF 的贷款不足以覆盖供应商的营运资金（$wq_1^* \overline{\lambda} < c_k K^* + L_s - A_s$，这概括了 4.1 节中的假设）；②零售商通过预付款折扣支付的部分款项不足以满足供应商的营运资金需求，即 $w(1 - d)q_1^* < c_k K^* + L_s - A_s$。因此，双重融资是装运前融资的一般情况。

在双重融资方案中，零售商选择 (q^{df}, β) 以最大化期望利润：

$$\pi_r^{df}(q,w) = pE\min(D,q^{df}) - wq_2 - w(1-d)q_1 - (1-\alpha)$$
$$[L_r + w(1-d)q_1 - A_r]^+$$

定理 7.2，如果双重融资能够为供应商提供足够的营运资金，零售商的最优订货数量满足一阶条件：

$$pF(q^{df}) = p - w(1-d) - \beta wd \qquad\qquad 持续经营$$
$$pF(q^{df}) = p - (2-\alpha-\beta+\alpha\beta)w(1-d) - \beta wd \quad 资产重组 \qquad (7-11)$$

供应商的最优 BPOF 借款水平为

$$\lambda^* = \begin{cases} \arg\max\limits_{\lambda\in(0,\bar{\lambda}]} \pi_s(\lambda,w,K) & 如果\, r < 1-\alpha\, 且\, r \leqslant \hat{r} \\ 0 & 其他 \end{cases}$$

这里 $\hat{r}$ 表示双重融资条件下的供应商盈亏平衡基准利率。定理 7.2 表明，在预付款折扣中，零售商权衡了单位折扣的好处和金融困境的可能成本。如果证据表明预付款折扣不足以为供应商提供充足的营运资金，供应商则通过 BPOF 寻求外部融资，以满足营运资金需求。在双重融资中，内部资金充足的零售商倾向于通过预付款折扣向供应商融资，而内部资金不足的零售商则会首先最大化使用预付款折扣，只有当金融困境的成本超过了价格折扣的收益时，才会使用 BPOF。

引理 7.2，在延续的情况下，零售商的总订单量在产品装运后按批发价支付的订单量比例 β 递减。在重组的情况下，当且仅当 $(1-\alpha) > \dfrac{d}{1-d}$ 时，零售商的总订单量按比例 β 增加。

引理 7.2 意味着如果零售商的内部资金足够多，可以避免金融困境，那么它更倾向于选择预付款折扣而不是 BPOF。如果零售商进行重组，那么在金融困境的边际成本大于单位折扣的收益的约束条件下，它可能会选择 BPOF 而不是预付款折扣。

定理 7.2 和引理 7.2 表明，最优装运前财务策略的选择取决于零售商的内部资金水平。预付款折扣作为一种风险共担方案，尽管有可能会出现金融困境，但仍能提供渠道协调效益，当零售商拥有充足的内部资金时，在双重融资方案下会优先选择采用预付款折扣。

7.5　算例

在本节中，我们通过广泛的数值研究来检验主要结果的稳健性，算例说明了需求变异性和零售商的内部资金水平如何影响供应链绩效。我们的数值研究依赖于仿真优化，使用的软件是 Palisade @ RISK，它带有 100 万个不确定场景（供需匹配状态和价格数量决策）和以下基准参数值：$p = 60$，$c_k = c_p = 10$，$\alpha = 0.85$ 以及 $\gamma = 0.9$（Gamba 和 Triantis，2014）。需求 D 遵循正态分布 $N(1000, 100)$，其标准差可能随其变异系数（CV）变动。

7.5.1　需求变异性的影响

我们首先研究需求波动如何影响预付款折扣和 BPOF 之间的相互作用。当调整需求波动时，允许其变异系数 $\delta(D)$ 在 0.1~0.5 变化。同时，使用一个常量作为期望需求 $E(D) = 1000$。我们比较了预付款折扣和 BPOF 下的渠道效率，对于每个融资方案，都遵循 Jing 等人（2012）的方法，审查关于需求波动性和零售商内部资金水平的竞争惩罚百分比（分散型供应链相对于集中型供应链利润下降部分）$P \triangleq \left(1 - \dfrac{\pi_s + \pi_t}{\pi^{csc}}\right) \times 100\%$。

在没有装运前融资（预付款折扣或 BPOF）的情况下，供应商的交付数量在需求波动中呈下降趋势。供应商的交付数量严格地只在预付款折扣中增加，而在 BPOF 和双重融资方案中都是凸的。如果没有装运前的金融支持，供应商的订单交付量会随着需求波动的增加而减少。当使用装运前融资（预付款折扣和/或 BPOF）时，供应商的交付数量对需求波动不那么敏感，因为装运前融资可以缓解供应商的金融困境。因此，需求风险由零售商承担。由于批发价下降，零售商的利润在需求波动中增加。将预付款折扣条件下的零售商利润与 BPOF 条件下的零售商利润进行比较，发现 BPOF 的均衡区域随着需求变异性而减小。也就是说，在单一融资方案下，当需求变异系数相对较低时，即当 $\delta(D) < 0.22$ 时，零售商选择 BPOF。否则，零售商在均衡状态下选择预付款折扣。当需求变异系数足够高时，预付款折扣的优势超过 BPOF，成为双重融资方案下唯一被采用的策略。在这种情况下，只采用预付款折扣和双重融资方案产生相同的收益。当需求变异性上升时，零售商更倾向于采用 BPOF 而不是预付款折扣的批发价格来降低风险，因为较低的订货量和较晚的外部融资付款都与库存和信用风险的降低相关。然而，我们的算例表明，当需求风险增加时，大型零售商可以选择通过预付款折扣承担更多的风险，从而产生更高的回报。

供应商的利润随着需求波动的增加而下降。由于供应链成员之间的风险分担，在只使用预付款折扣的情况下，供应商的利润下降幅度要小得多。在只采用 BPOF 和双重融资两种情况下（后一种情况是，当 BPOF 可以完全缓解金融困境时，这是双重融资方案唯一被采用的机制），供应商利润降低的速度是一样的。如果需求变异系数相对较高，即 $\delta(D) \geqslant 0.48$，供应商更倾向于预付款折扣而不是 BPOF。由于渠道协调效应，预付款折扣下供应链利润为凹，而在其他三种情况下供应链利润关于需求波动呈递减趋势。从供应链的角度来看，BPOF 优于预付款折扣，除非需求变异系数相当高，即 $\delta(D) \geqslant 0.44$。因此，当需求变化落在一个特定的区间即 $\delta(D) \in [0.22, 0.44]$ 时，供应链成员将受到竞争惩罚。在此区间内，零售商的最优融资决策偏离了供应链的最优选择。因此，在分散的情况下，供应商和零售商的竞争导致绩效低下。例如，当 $\delta(D) = 0.4$ 时，竞争惩罚 $P = 2.4\%$；当 $\delta(D) = 0.3$ 时，$P = 8.3\%$；当 $\delta(D) = 0.22$ 时，竞争惩罚达到最大，$P = 17.5\%$。当需求变异性超出给定区间时，供应链成员的动机是一致的，因此可以使用 BPOF 作为外部融资或预付款折扣作为内部融资来实现全渠道的优化。这些结果表明，在单一融资均衡条件下，渠道协调机制是可取的。

7.5.2　零售商内部资金水平的影响

为了分析零售商的内部资金水平（$A_r - L_r$）的作用，我们将它的资金水平的期望值 A_r 从 4 万美元调整到 8 万美元，同时将短期负债保持在 3 万美元不变。零售商的内部资金水平没有显著影响，除非在只有预付款折扣的情况下，因为这是唯一的零售商可能面临金融困境的情况。在零售商的内部资金水平方面，对于供应链合作伙伴而言，只有预付款折扣策略的价值在增加，而其他三种策略的价值相对稳定。

在只有预付款折扣情况下，供应商的交货量在增加；而在其他三种情况下，对零售商的内部资金水平不敏感。其根本原因在于，零售商内部资金的不断增长缓解了金融困境，从而使基于预付款折扣的供应链协调利用成为可能。相反，如果零售商只使用预付款折扣，就可能会遭遇金融困境。同样，只有在使用预付款折扣的情况下，零售商在其内部资金水平上的利润在增加。然而，当零售商的内部资金超过某一水平，即 $A_r - L_r > 31231$ 时，由于增加资本可以减轻金融困境，利润的增长就不那么显著。只采用预付款折扣和只采用 BPOF 的比较验证了定理 7.1：当且仅当零售商的内部资金低于某一阈值时（ $A_r - L_r < \omega_r - L_r = 23218$ ），BPOF 在单一融资均衡中优于预付款折扣。因此，只有 BPOF 的均衡区域在零售商的内部资金水平上是递减的；反之，如果零售商的内部资金水平相对较高，则预付款折扣优于 BPOF，可能成为双重融资方案中唯一采用的策略。这就验证了引理 7.2。因此，随着内部资金水平的增加，零售商只有预付款折扣的收益接近它的双重融资收益。

只有预付款折扣下，供应商的利润在零售商的内部资金水平上是增加的。当零售商的内部资金水平相对较高时，即 $A_r - L_r \geq 39526$ ，供应商更倾向于选择预付款折扣而不是 BFOF。零售商内部资金水平对供应链利润的净效应：预付款折扣的渠道协调效应在零售商内部资金水平上呈上升趋势。从供应链的角度来看，当零售商的内部资金水平超过 36541 时，预付款折扣优于 BPOF。因此，如果零售商的内部资金水平在一定的区间内，即当 $23218 \leq A_r - L_r < 36541$ 时，渠道成员会蒙受竞争惩罚。在此区间，零售商的最优融资选择与供应链的最优策略不一致。例如，当 $A_r - L_r = 30000$ 时，竞争惩罚 $P = 8.3\%$ ；而当 $A_r - L_r = 23218$ 时，竞争惩罚 $P = 21.2\%$ ，即最大值。这种与竞争惩罚相关的高成本使得供应链效率低下，因此，在使用装运前金融工具时，渠道协调是至关重要的。

从上文得出的管理启示如下：首先，需求不确定性增加了供应链内部风险分担的必要，而零售商内部资金水平较高使得通过预付款折扣向供应商融资成为可能。随着需求风险和零售商内部资金水平的上升，将现金流从供应链中的自发状态转移到绑定方，比从金融机构融资更可取。其次，竞争惩罚的区间和大小都意味着即使装运前融资工具可以缓解供应商的资本约束，要降低竞争惩罚的成本，零售商和供应商之间动机的一致性也是不可或缺的。

7.6 供应链中的装运前融资

本章考虑了一条资金紧张的供应链，中小供应商通过批发价合同向一个大型零售商销售产品。零售商在两种装运前金融工具（预付款折扣和 BPOF）之间进行选择，以管理供应商的金融困境。我们描述了在预付款折扣和 BPOF 下供应链的最优决策，并指出基于零售商的信用评级，通过从金融机构获取贷款，BPOF 可以使供应商融到营运资金，而预付款折扣在以零售商的潜在金融困境为代价时可以带来渠道协调利益。当可以选择预付款折扣或 BPOF 时，如果零售商的内部资金水平高于某个阈值，则零售商更倾向于选择预付款折扣而不是 BPOF。在采用预付款折扣和 BPOF 的双重融资方案中，零售商通常会选择预付款折扣，除非金融困境的边际成本大于单位折扣的收益。我们发现，无论是零售商的内部资金水平还是需求变异性，预付款折扣的均衡区域都在增加。当需求变异性或零售商的内部资金水平在各自的区间内时，竞争惩罚会产生相当大的成本。因此，供应链伙伴之间的协调与协作是减轻竞争惩罚的关键。

研究的管理意义在于：基于零售商的信用评级，通过从金融机构获得融资为供应商提供营运资金，BPOF 创造了一个"三赢"局面。在 BPOF 中，供应商缓解了它的预算约束，从而确保了订单履行；零售商加强了与供应商的关系，保证了产品数量而不会导致金融困境；金融机构在面临较低信用风险的情况下获得利息收益（Klapper，2006；Navas－Alemán 等，2012）。相比之下，预付款折扣给供应商和零售商都带来了渠道协调的好处，加速了供应商应收账款的回收进程，从而以零售商金融困境为潜在代价缩短了现金转换周期。虽然预付款折扣和 BPOF 都可以在产品装运前缓解供应商的金融困境，但预付款折扣将供应链内的资金流动从自发状态转移到绑定方，而 BPOF 可以从金融机构融资，从而提高供应链的整体融资能力。

预付款折扣的特点是风险共担，为零售商提供一个较低的批发价格，但会使零售商面临更高的库存风险（因订货量更大）和潜在的金融成本困境（取决于它的内部资金水平）。因此，一家拥有充足资金、能够避免金融困境的零售商会严格选择预付款折扣，而一家信用评级高于其供应商且资金不太充裕的零售商则应该通过启动 BPOF 与金融机构合作来利用利差（Gold 和 Jacobs，2007；Chauffour 和 Malouche，2011）。更大的需求变异性使预付款折扣在供应链中分担风险的需求增加，更高的零售商内部资金水平保证了预付款折扣的渠道协调效益大于潜在的金融困境成本。竞争惩罚的区间和大小突出了供应链合作伙伴之间保持动机一致的价值。

8 运营与金融交叉学科研究综述

在这一章中，我们采用定性和定量两种方法回顾概念的研究过程，以及运营与金融之间相互作用的分析模型和实证评估。首先，采用定量方法进行文献计量分析（Tang 和 Musa，2011；Fahimnia 等，2015）。要特别注意的是，本章进行了引用和 PageRank 分析，以便识别经常被引用和有高影响力的论文。此外，还分析了 1958—2016 年发表的 258 篇关于 OFI 的同行评议文章（不包括会议论文）的数据集，总结了 OFI 的概念、分析和实证研究。此外，在论文引用网络中确定了 8 个研究方向，并根据各研究方向中的领先文章和最新进展，描述了 OFI 的研究现状。因此，在提出该领域未来研究的方向和方法之前，我们对这些研究方向的成熟度和潜力进行了统计描述。

8.1 运营与金融交叉学科

运营与金融是共同驱动企业成功的两个关键职能。产能建设需要投资，而产品销售产生收入，这在现金转换周期中连接物流和资金流。在面临各种相互关联的风险时，OFI 涉及联合优化物流、资金流和信息流的问题。Modigliani 和 Miller（1958）提出的开创性定理是 OFI 研究的一个重要起点，即当一个人假设处于对称的信息和完善的资本市场时，运营与金融决策可以分离。这些假设在实践中很少同时成立，因此包含各种市场摩擦的模型在这个跨学科领域里得到了越来越多的关注（Birge 等，2007；Babich 和 Kouvelis，2015），研究主题包括运营对冲、金融灵活性、供应链风险管理、企业风险管理、整合风险管理、供应链金融以及供应链战略的金融意义，学者们进行了概念研究、分析模拟和实证评估，以评价运营与金融之间的相互作用。由于研究的主题和方法各种各样，因此学者们很难掌握 OFI 的研究方向。尽管有几篇文献受到高度关注，但整体研究现状可能仍不明朗。

我们对文献计量分析的定量方法与现存的关于 OFI 的文献综述形成了对比，后者属于定性性质，适合于概念探索和研究总结。以往此类研究大多集中于分析方法，只有少数文章纳入了实证评估，概念研究受到的关注有限。表 8-1 列出了 OFI 的研究综述和新贡献。

在这一章中，我们的目的是探讨以下三个方面的问题。

①就 OFI 的文章数量而言，最近的出版趋势是什么？

②主要的研究方向是什么？哪些论文对每个方向的影响最大？

③哪些研究方向较为成熟，而哪些研究方向相对而言还只处于起步阶段，因此需要得到更多的关注？

表 8-1　　　　　　　　　　OFI 的研究综述和新贡献

覆盖的文章类型			研究范围		概念综合	定性评估	定量分析	文献
概念	分析	实证	整合运营与风险管理	供应链金融				
	√		√	√	√			Kouvelis 等（2012）
	√		√		√			Van Mieghem（2012）
	√		√		√			Bandaly 等（2012）
	√	√	√			√		Bandaly 等（2013）
	√	√	√					Birge（2015）
	√			√	√	√		Zhao 和 Huchzermeier（2015）
√	√	√		√				Gelsomino 等（2016）
√	√	√	√	√	√	√	√	本章

我们的目标体现在四个主要方面。第一，采用一种定量方法来描述关于 OFI 的概念、分析和实证研究的出版趋势；第二，通过引用和 PageRank 分析的测度结果来确定哪些是主要文章；第三，将研究分为八个方向，以表征该领域的研究现状；第四，总结了各研究方向中的主要文章和较新的出版物，以方便概念、分析模型和实证证据的导航。

8.2 研究方法

本章旨在强调新兴的概念和技术，描绘整体的研究现状，并指出未来在运营、金融和风险管理相结合方面的研究机会。我们对出版物数据库中的有关论文进行了详尽的检索，该检索整合了来自运营管理或公司金融领域的同行评议期刊的文章。参考的期刊可能是面向概念框架、定量建模或实证研究，以这种方式，我们涵盖了理论和面向实践的 OFI 研究进展。为了完成本综述，我们按照以下三个步骤来识别被引用次数多且影响大的论文，将现有的研究分成八个方向，根据当前的工作传递见解，并为未来的研究指明方向。

第一步是数据收集。为了确保数据集的全面性，我们在 Scopus 数据库中对几个经常使用的关键字进行"标题、摘要、关键词"搜索①。因此我们搜索字符串"OFI""供应链金融（融资）""金融供应链（管理）""资金约束供应链""贸易信贷""存货融资""（反向）保理""供应商金融（融资）""采购订单金融（融资）""产能投资预算约束""运营与金融对冲""营运资金管理（或优化）""运营战略金融业绩"等②。然后通过删除重复项合并检索到的数据。为了集中于同行评议的期刊文章，我们将文档类型指定为"文章"或"评议"，从而排除了会议论文和书籍。通过这一步骤，最终得到了487 篇论文的数据集。如果论文的内容与 OFI 无关或者只有些许的关联，或以英语以外的其他语言发表均不计入。经过删减产生了 242 篇论文的样本。鉴于这一领域的大多数术语都是几十年内出现的，一些对后来的研究产生重大影响的开创性的早期论文③可能不会在 Scopus 中按照上述关键字进行分类，但它们肯定应该包括在我们的数据集中。因此，我们从表 8 - 1 列出的文献综

---

① Scopus（https：//www.elsevier.com/solutions/scopus）是同行评议文献收录量最大的摘要和引用数据库，可根据文档类型（如期刊文章、会议论文、评论和书籍章节）过滤出版数据。相比之下，Google Scholar 更加全面，但是包含了所有类型的出版物，没有按照文档类型进行过滤。Web - Science 数据库只包含 ISI 索引的期刊，所以它的搜索范围比 Scopus 要窄。

② "整合风险管理"一词在 OFI 的论文中经常使用。然而，它具有多重含义（在缺乏严格定义的情况下），它很少被列为关键字。

③ 早期对资本结构的研究，如 Modigliani 和 Miller（1958）以及 Myers（1984），为进一步探索 OFI 奠定了基础，因此经常被该领域的学者引用。然而，仅仅依靠我们列出的关键词，是搜索不到这两篇论文的。

述中检索参考文献，并将不重复的检索条目添加到我们的数据集中。这一数据收集过程于 2017 年 1 月 1 日完成，共收集了 258 条出版物信息，包括标题、作者、隶属机构、摘要、关键词、参考文献和引用次数。

第二步是文献计量分析。为了说明一段时间内与 OFI 相关的出版物数量，对 1958—2016 年发表的论文数量进行了分析，自 20 世纪 90 年代初以来，这一数量一直在稳步增长（尽管有小幅波动），而在 2006—2016 年出现了显著增长。我们确定有 100 种期刊在我们的 OFI 研究数据集中发表了文章，排名前五的期刊（以论文数量计算）发表了 97 篇文章，即占整个数据集的 37.6%。为了进一步调查我们的数据集，进行了引用和 PageRank 分析，以识别关于 OFI 的受欢迎和权威的文章。该文献计量分析提供了关于每个研究主题的有影响力的文章及其在 OFI 和相关领域所产生影响的统计数据。

第三步是研究分类。在论文引用网络分析的基础上，我们将 OFI 的研究分为八个方向。然后，对主要文章（具有最高 PageRank 值的文章）和每类中最新论文进行总结，以提供关于该主题的文献演变过程和当前发展情况的概述。通过统计分析确定了成熟的和新兴的研究方向，并根据研究现状提出了未来研究的可能方向。

8.3　识别受欢迎和权威的论文

在本节中，我们将使用引用和 PageRank 分析来衡量关于 OFI 文章的受欢迎程度和权威性。按照 Cronin 和 Ding（2011）的方法，我们用"其他论文被引用的次数"衡量一篇论文的受欢迎程度，用"高被引用论文被引用的次数"衡量一篇论文的权威性。

8.3.1　引用分析

在我们的数据集中，154 篇论文被"本地"引用，也就是说，被数据集中的其他论文引用。这些本地引用反映了一篇论文在 OFI 领域的影响。通过"全球"引用，我们查阅了 Scopus 数据库中引用的总数，这些引用表明了一篇论文在学术界具有更为广泛的影响，即纳入其他有关范畴。

表 8 – 2 列明了本地引用量和全球引用量前十的论文，显示了关于 OFI 的

研究最常被引用的论文是那些在相应的研究方向中建立了概念基础和/或展示了方法论突破的开创性文章。例如，Babich 和 Sobel（2004）以及 Buzacott 和 Zhang（2004）分析如何打破以前运营与金融职能独立"竖井"，办法是将首次公开发行（IPO）和基于资产的融资纳入生产、库存和产能决策中。Huchzermeier 和 Cohen（1996）提出了基于实物期权的运营对冲概念，此后 Gaur 和 Seshadri（2005）、Caldentey 和 Haugh（2006）以及 Ding 等（2007）在如何缓解相关运营风险和财务风险的研究中采用了（结合金融对冲）这一概念。Pfohl 和 Gomm（2009）、Randall 和 Farris（2009）、Protopappa – Sieke 和 Seifert（2010）提出了基于解析和数值方法的供应链金融和营运资金管理框架，而 Klapper（2006）为采用各种供应链金融工具提供了实证证据。一篇论文在 OFI 领域的影响力因学者贡献的原创性和深度而有所不同。全球引用和本地引用数量之间的差距表明，Buzacott 和 Zhang（2004）、Huchzermeier 和 Cohen（1996）等人的论文不仅在 OFI 领域受到好评，而且广泛地影响相关学科。

表 8 – 2　　　　　　　　　　本地引用和全球引用排名的前十的论文

文献	期刊	本地引用 （次）	全球引用 （次）
Buzacott 和 Zhang（2004）	管理科学	25	128
Huchzermeier 和 Cohen（1996）	运筹学	17	197
Gaur 和 Seshadri（2005）	生产与服务运营管理	17	71
Pfohl 和 Gomm（2009）	物流研究	17	19
Randall 和 Farris（2009）	国际实物配送与物流管理杂志	16	23
Ding 等（2007）	运筹学	15	68
Caldentey 和 Haugh（2006）	运筹数学	12	32
Protopappa – Sieke 和 Seifert（2010）	欧洲运筹杂志	12	24
Babich 和 Sobel（2004）	管理科学	11	57
Klapper（2006）	银行业与金融杂志	11	26

8.3.2 PageRank 分析

引文分析仅显示了论文的受欢迎程度，但 PageRank 分析显示了它们的相对权威性[①]。假设论文 A 被其他 n 篇论文引用（被 $p_1, p_2, \cdots, p_n$ 引用），并设 $C(p_i)$ 表示第 i 篇论文的引用数量，那么论文 A 的 PageRank 值（PR）计算如下：

$$PR(A) = (1 - d) \frac{1}{N} + d \sum_{i=1}^{n} \frac{PR(p_i)}{C(p_i)}$$

这里 d 表示一个阻尼因子[②]，其取值范围在 0 到 1，表示引用继续产生的随机游动的比例。在论文引用的网络分析中，一篇论文参考条目的平均长度通常为 2（Chen 等，2007a）。因此，$1/2 = 0.5 = (1 - d)$，$d = 0.5$ 被用来分析一个引文网络。高 PageRank 值意味着一篇论文已经被许多有影响力的论文引用，虽然总体被引频次高的文章通常影响较大，但那些经常被其他高影响论文引用的文章通常在重点研究领域具有相当大的重要性（Ding 等，2009）。

根据 PageRank 测度结果，排名前十的论文列在表 8－3 中。在我们 258 篇论文的数据集中，最高 PageRank 值为 0.00958。比较表 8－2 和表 8－3 后发现，更高数量的本地和全球引用可能导致更高的 PageRank 值，但不绝对如此。例如 Pfohl 和 Gomm（2009）被本地引用了 17 次，PageRank 排名第八，而 Huang 和 Hsu（2008）仅被本地引用 5 次，PageRank 值还略高些。这意味着后者被那些本身相对更有影响力的论文引用。表 8－3 中包括的 Chowdhry 和 Howe（1999）、Gaur 和 Seshadri（2005）、Caldentey 和 Haugh（2006）、Ding 等（2007）四篇论文，集中研究了整合运营与金融对冲；而另有四篇论文，即 Dada 和 Hu（2008）、Huang 和 Hsu（2008）、Pfohl 和 Gomm（2009）、Gupta 和 Dutta（2011），分析了供应链中用于管理资金流的模型。Huchzermeier 和 Cohen（1996）应用实物期权研究了全球供应链网络结构中的运营对冲，Froot 等（1993）研究了如何运用衍生工具进行金融对冲来获得投资机会。

---

① PageRank 指标是由 Brin 和 Page（1998）提出的，根据搜索引擎关键字的"连通性"来对网页进行优先排序。

② 谷歌的 PageRank 算法中最初使用的阻尼因子为 0.85（Brin 和 Page，1998），根据日常观察，通常一个互联网用户关注 6 个网页，因此漏失概率是 $1/6 \approx 0.15 = (1 - d)$。

表 8-3   **PageRank 排名前十的论文**

文献	期刊	PageRank 值	本地引用（次）	全球引用（次）
Gaur 和 Seshadri（2005）	生产与服务运营管理	0.00958	17	71
Huchzermeier 和 Cohen（1996）	运筹学	0.00836	17	197
Caldentey 和 Haugh（2006）	运筹数学	0.00727	12	32
Ding 等（2007）	运筹学	0.00710	15	68
Froot 等（1993）	金融杂志	0.00582	8	714
Huang 和 Hsu（2008）	国际生产经济杂志	0.00573	5	71
Chowdhry 和 Howe（1999）	欧洲金融评论	0.00551	7	42
Pfohl 和 Gomm（2009）	物流研究	0.00548	17	19
Gupta 和 Dutta（2011）	欧洲运筹杂志	0.00548	7	16
Dada 和 Hu（2008）	运营研究快报	0.00528	10	60

8.4 运营与金融交叉学科研究的演化

在本节中，我们将采取两个步骤对关于 OFI 的研究方向进行分类。首先，我们使用 Sci^2 软件对 258 篇论文的数据集进行分析，摘录论文引用网络。这个过程产生了 44 个不同大小的论文簇。其次，我们根据主题相关性将主要的论文簇分为七个主要的研究方向[①]。文献综述和独立的论文簇被放在第八组。我们的分类结果主要分为八组研究（Birge 等，2007；Babich 和 Kouvelis，2015），表 8-4 显示每个研究方向的百分比分布和平均 PageRank 值。8.4.1 节到 8.4.7 节的顺序是按每个方向的论文发表数量降序排列的。

---

① 这一步是必要的，因为一些簇在主题上明显接近，但在论文引用网络中却没有被识别为一个单独的簇（因为文章可能不会在同一研究方向中引用所有相关的作品）。

表 8 - 4　　　　　　　　　OFI 的 8 个研究方向的统计概述

章节编号	研究方向	百分比（%）	平均 PageRank 值
8.4.1	供应链金融	46.9	0.002378
8.4.2	整合运营对冲和金融灵活性	11.6	0.004158
8.4.3	运营效率对金融绩效的影响	8.9	0.002083
8.4.4	联合融资与产能库存决策	5.8	0.003138
8.4.5	运营管理中的实物期权与对冲	4.7	0.003422
8.4.6	供应链整合运营与金融规划	3.9	0.00275
8.4.7	商品交易中的价值评估与风险缓解	2.7	0.002455
8.4.8	研究综述与 OFI 的其他主题	15.5	0.00271

供应链金融显然是比较活跃的领域，涉及贸易信贷的论文占这个研究方向的 29.8%。由于大多数关于供应链金融的论文都是在 2006—2016 年发表的，它们的全面影响还有待观察。已发表的关于整合运营对冲和金融灵活性的文章平均影响最大，很大程度上是因为该领域的大多数研究都已成熟，因此在我们的数据集中占据显著位置。关于运营效率对金融绩效的影响，已有大量的研究，但这些研究并没有显示出较高的平均 PageRank 值。原因之一是这类研究主要是数据驱动的，因此论文之间的交叉引用相对较少。关于联合融资和产能库存选择的学术研究工作的创新性，可能是导致其 PageRank 值较高的主要原因。平均来说，对运营管理中实物期权与对冲的研究，由于联合运用了运营与金融对冲打下了坚实的基础，所以平均 PageRank 值高。目前有两个研究方向，即供应链中的整合运营与金融规划以及商品交易中的价值评估和风险缓解，它们主要由具体应用所驱动，因此在 OFI 领域的整体影响力有限。OFI 的研究综述及相关课题包括大量的文献综述和最近的创新，这些都因为过于分散而没有产生重大的研究影响。

为了确保一致，前两个研究方向按方法①都被划分（分别在 8.4.1 节和 8.4.2 节）为三个亚组。其他每个方向（会在 8.4.3 节 ~ 8.4.7 节中详述）主

---

① 为了便于阐述，我们在 8.4.1 节和 8.4.2 节中将研究方向按方法分类。然而，在这两个方向中都可以找到具有多种方法的研究。例如，Cai 等（2014）、Gaur 和 Seshadri（2005）分别采用解析和实证两种方法研究了供应链金融和整合风险管理。有关运营管理的多方法研究综述，请参见 Choi 等（2016）。

要采用了一种方法。引文和 PageRank 的测量结果都与论文的发表期限有很强的正相关关系，因此它们更倾向于早期研究中已经得到认可的文章。最近发表的文章通常需要时间检验它们的影响，特别是那些偏离了惯例的改变范式的研究，通常早期影响有限，但具有卓越的长期影响（Wang 等，2013）。因此，我们不仅总结了排名前五的 PageRank 论文[①]，而且还总结了每个方向中最近的代表性文章，以提供关于 OFI 研究如何演化的综述。

8.4.1　供应链金融

为了对供应链金融进行概述，我们将这一研究方向按三种方法分类：概念研究、分析建模和实证评估。表 8 - 5 按照 PageRank 值的降序排列，列出了供应链金融的前五个概念研究方面的论文[②]。供应链金融是 OFI 研究中发展较快的领域之一，它建立了一个基于委托—代理理论的概念基础，同时假设供应链内外的企业具有非对称信息。因此，供应链内的企业可以作为中介来解决资本寻求者和资本市场之间的信息不对称问题（Pfohl 和 Gomm，2009）。供应链金融旨在通过运营与金融部门的跨职能协调以及供应链伙伴之间的组织间协作来提高营运资金的配置（Hofmann，2005；Pfohl 和 Gomm，2009）。

表 8 - 5　　反映供应链金融概念研究的 PageRank 排位前五的论文

供应链金融的概念	参与者	对象	杠杆	管理启示	文献
供应链金融是公司间的融资优化以及融资流程与客户、供应商和服务提供商的整合，以提高所有参与企业的价值	供应商、客户、核心企业、融资中介和物流服务提供商	固定资产、流动资金	数量、期限和资金成本率	基于委托—代理理论，"供应链金融将供应链内部的参与者转变为中介，它们可以部分解决资本市场和寻求资金的各方间信息不对称问题"	Pfohl 和 Gomm (2009)

---

①　考虑到关于 OFI 的研究有大量文献，我们将重点限制在每个研究方向的 PageRank 排位前五的论文上，以便为进行简捷和一致性的开创性研究提供导航。

②　表 8 - 6、表 8 - 7、表 8 - 8、表 8 - 9、表 8 - 10、表 8 - 11、表 8 - 12、表 8 - 13、表 8 - 14 和表 8 - 15 同样按论文的 PageRank 值降序排列。

供应链金融的概念	参与者	对象	杠杆	管理启示	文献
供应链金融是指供应链中的两个或多个组织（包括外部服务提供商）通过计划、指导和控制金融资源在组织间的流动共同创造价值的一种方法	托运人或发货人及其供应商，以及客户、物流服务提供商、金融机构、投资者	关于金融目标的供应链绩效指标	投资、融资和会计，以及采购生产和销售职能。投资的现金支出和从投资中获得的价值	"采购、生产、销售和回收可以释放内部融资资源。""供应链金融……改善所有合作伙伴的债务融资选择和条件"	Hofmann (2005)
供应链金融管理考察"公司金融管理技术如何用于改善整个供应链的盈利能力和绩效"	整个供应链上的合作企业	存货、应收账款、应付账款、收入和销货成本（COGS）	现金流、回报的杠杆点、转移的库存、资金成本差异	减少库存持有；通过让客户更快付款减少应收账款；通过延长支付供应商的时间来延缓应付账款	Randall 和 Farris (2009)
现金转换周期是"从支付原材料到收到产品货款的天数，计算方法为库存供应天数加上销售变现天数减去材料的平均付款周期"	核心企业和供应链合作伙伴	资产和负债、生产周期、存货、应收账款、应付账款	流动性和价值指标、入厂材料活动、制造活动、出厂物流、销售	延长平均应付账款，缩短生产周期以减少库存供应天数，减少平均应收账款	Farris 和 Hutchison (2002)
供应链金融是一种综合的方法，提供可见性并控制供应链内部的所有与现金相关的流程	供应链内部企业	流动资产和流动负债，包括存货、应收账款和应付账款	现金转换周期、营业收入和资本使用回报率（ROCE）	实现透明度并分析它们的基准，强调杠杆因素，确定最佳现金转换周期的水平	Grosse – Ruyken 等 (2011)

　　与之密切相关的研究认为，以现金转换周期为衡量标准的营运资本绩效可以通过缩短存货处理周期、减少应收账款和增加应付账款来改善。因此，现金转换周期可以直接通过资本的使用和间接通过营业收入来影响资本使用回报率（Farris 和 Hutchison，2002；Randall 和 Farris，2009；Grosse – Ruyken

等，2011）。

大多数关于供应链金融的分析探索（见表8-6）是基于莫迪利安—米勒（Modigliani - Miller）定理开展的。在一个完善资本市场（投资者理性且不存在信息不对称、动机错位、公司税和交易成本）的强假设下（Modigliani 和 Miller，1958），该定理假定运营与金融具有独立性。当考虑市场摩擦和各种信息结构时，供应链中运营与金融之间的相互联系激发了学者们对众多供应链金融工具的研究。

贸易信贷[①]，一个吸引了诸多学者的供应链金融主题，包括研究供应链决策联合优化的论文，涉及延期付款的合同条款和/或当资金紧张的买方寻求营运资金融资时的早期折扣。贸易信贷条款对订货量和频率、供应链盈利能力的影响以及由此产生的与银行融资的相互作用是常见的研究主题（Huang 和 Hsu，2008；Kouvelis 和 Zhao，2012），最近的研究集中在贸易信贷和数量折扣、回购、双重收费和收入共享等供应链协调合同之间的相互作用（Lee 和 Rhee，2010；Kouvelis 和 Zhao，2016；Xiao 等，2017）。已经有学者开始研究其他种类的贸易融资工具（如供应商融资和短期融资），涉及的相关市场变量包括利率、残值价格和竞争结构（Brennan 等，1988；Raghavan 和 Mishra，2011）。

表 8-6   反映供应链金融分析探索的 PageRank 排位前五的论文

供应商	买方	财务策略	市场因素	主要结果	文献
供应商向买方提供全部商业信用	买方向其客户提供部分贸易信贷	贸易信贷	年度相关总成本，相关总成本的最优周期，最优订货量	"当客户在零售商下订单时的总应付金额中所占的比例增加时，零售商将减少订购数量并增加订购频率。""当零售商提供给客户的商业信用期限增加时，零售商将订购更多产品，以积累更多的利息来弥补当提供给其客户更长的商业信用期限时所蒙受的利息损失……（在一定条件下）"	Huang 和 Hsu (2008)

---

① 关于这一课题的研究综述，请参考 Chang 等（2008）和 Seifert 等（2013）。

续　表

供应商	买方	财务策略	市场因素	主要结果	文献
卖方向银行借款为买方提供金融中介	买方从卖方那里获得长期信贷	供应商融资	利率，客户财富，双寡头竞争	当信贷市场的需求弹性由于逆向选择低于现货市场时和当信贷客户的预订价格系统性地低于现金客户……供应商融资可能是一个公司最优的选择。在寡头垄断市场上，供应商融资可以用来减少竞争，因为一些公司专注于信贷市场，而其他公司在现货市场保持更大的市场份额	Brennan 等（1988）
制造商向贷方借款	零售商向贷方借款	短期融资	回收价格、利率和次品生产率	如果零售商或制造商的现金水平足够低，联合决策对贷方和借款公司都是有益的	Raghavan 和 Mishra（2011）
资金紧张的代理商给买方提供贸易信贷	资金紧张的代理商获得贸易信贷	存货融资：贸易信贷和银行融资	协调合同：全单位数量折扣、回购、双重收费、收益共享	正融资成本需要贸易信贷，以补贴零售商的存货融资成本。利用贸易信贷和折扣优惠，供应商充分协调零售商的决策，以获得最大的共同利润，并从最大共同利润中取得较大的部分	Lee 和 Rhee（2010）
供应商向买方提供商业信贷	在资金紧张情况下，新闻供应商型买方	贸易信贷	订货量、贸易信贷利率、批发价	结构最优的贸易信贷合同是由供应商提供利率，以激励零售商使用其营运资本尽可能提前支付订单。因此，贸易信贷利率为零的赊销融资是潜在的最优贸易信贷合同之一。结果表明，最优定价的贸易信贷比银行信贷更便宜	Kouvelis 和 Zhao（2012）

　　供应链金融的实证研究（见表8-7）为采用贸易融资工具和营运资金管理提供了行业依据。供应链金融项目通常由大型买方，供应商、金融机构（银行）或专业服务实体（如物流服务提供商）发起，旨在为需要流动资金的中小供应商或买方提供财务援助（Hofmann，2005；Pfohl 和 Gomm，2009；Hofmann 和 Kotzab，2010）。由此可见，供应链中的营运资金状况是采用供应链绩效融资的主要前提，同时也决定了所采用的供应链金融工具的类型。各种供应链金融工具，如贸易信贷、保理、逆向保理、采购订单融资、买方信贷、存货/半成品融资、信用证和赊销信贷，可以用来降低流动性风险和提高营运资本绩效（Fisman 和 Love，2003；Klapper，2006；Wuttke 等，2013a、

2013b；Vliet 等，2015）。

使用装运前融资工具时，买方的现金流风险增大，而供应商的缺货风险减小。采用装运后金融工具可以降低供应链中流动性风险的传递（Wuttke 等，2013b），包括竞争强度、利率、应收账款数量和供应商的营运资本目标等市场因素决定了供应链合作伙伴采用或不采用逆向保理带来的好处（Wuttke 等，2013a；Iacono 等，2015）。

表 8 - 7　　关于供应链金融实证评估的 **PageRank** 排位前五的论文

样本大小	样本区域	分析单位	观察期间（年）	方法	财务策略	文献
479 篇文章	48 个国家（25个高收入国家和 23 个中等收入国家）	国家	1993—2003	回归，案例研究	保理、反向保理、采购订单融资	Klapper（2006）
大约7300家公司	美国、欧洲	公司	1995—2004	案例研究，概念模型	按现金周期管理营运资金	Hofmann 和 Kotzab（2010）
36 次观察	43 个国家	国家和企业	1980—1990	回归	贸易信贷	Fisman 和 Love（2003）
基于 40次访谈的 8 个案例	欧洲	公司	2012	案例研究	买方信贷、存货/在制品融资、反向保理、信用证、赊销信贷、银行贷款	Wuttke 等（2013b）
6 个案例	欧洲	公司	2012	案例研究	供应链金融的采用流程	Wuttke 等（2013a）

8.4.2　整合运营对冲和金融灵活性

类似于 8.4.1 节中的方法，在此我们将运营对冲和金融灵活性的整合风险管理研究按方法分为三个子组。整合风险管理的概念研究中提出了联合优化运营策略和金融工具的框架（见表 8 - 8）。整合风险管理的特点是联合分析运营与金融面临的不确定性，以及通过运营对冲和金融灵活性同步缓解风险（Miller，1992；Trigeorgis，1993；Triantis，2000；Meulbroek，2002；Kouvelis 等，2012）。一方面，运营对冲涉及有关风险偏好和核心企业及其供应链伙伴的风险敞口的决策（Meulbroek，2002）；当可以获得更多信息时，推迟、扩张、收缩、放弃或改变策略的实物期权（Trigeorgis，1993；Triantis，2000）；还包括规避、控制、合作、限制和灵活性在内的风险缓解策略（Miller，1992）；或者缓冲、集中和应急计划（Kouvelis 等，2012）。另一方面，金融风险管理包括：通过金融衍生品和保险合同对冲总风险敞口；通过改变公司资本结构进行风险调整（Miller，1992；Triantis，2000；Meulbroek，2002；Kouvelis 等，2012）；还有金融灵活性期权，如股权持有人对债务支付违约的期权、贷款人通过分期债务融资放弃承诺的期权以及通过债务和股权混合的风险资本融资（Trigeorgis，1993）。

金融风险管理的分析方法主要侧重于考察运营灵活性和金融对冲之间的关系以及减少它们之间相互关联的不确定性（见表 8 - 9）。以 Mello 等（1995）、Chowdhry 和 Howe（1999）、Hommel（2003）、Ding 等（2007）、Chen 等（2014）为代表的主流分析文献专注于汇率和需求风险下的整合运营灵活性和金融对冲。经验证据表明，需求与金融资产价格相关（Gaur 和 Seshadri，2005），据此，分析了通过联合金融对冲和库存管理来缓解需求风险的方法。当利润与金融市场回报相关时（Caldentey 和 Haugh，2006），探讨了一个公司的金融对冲和运营决策的联合优化。当零售商预算受限时（Caldentey 和 Haugh，2009），探讨了由两个企业构成的供应链的金融对冲和运营决策的联合优化。当对不同产品的需求为正（负）相关时，证明了产品灵活性和金融对冲是互补的（替代的）。延迟灵活性和金融对冲是替代的（Chod 等，2010）。当存在金融市场摩擦时，流动性对风险管理做出了重要贡献，而运营对冲和金融对冲则表现出替代效应（Gamba 和 Triantis，2014）。

表 8 - 8 反映整合风险管理概念研究的 **PageRank** 排位前五的论文

整合风险管理的概念	运营对冲策略	财务灵活性工具	应用环境	文献
风险整合和风险管理方式整合，选择最优风险水平，实现股东价值最大化	运营风险管理不仅是关于企业应该承担多大风险的决策，也是关于企业的客户或供应商准备承担多大风险的决策	通过衍生品或保险对冲总风险，通过资本结构调整风险	跨国公司	Meulbroek（2002）

整合风险管理的概念	运营对冲策略	财务灵活性工具	应用环境	文献
联合金融和实物期权是限制下行风险同时允许利用上行风险的替代机制	实物期权者能是在有机会获得更多信息之前推迟做出决策的能力	运用金融衍生品	跨国公司、项目管理	Triantis (2000)
实物期权与金融灵活性的相互作用	管理层可以使用实物期权在项目有效运行期内的不同阶段推迟、扩张、收缩、放弃或以其他方式改变项目	金融灵活性期权包括：股权持有人对有限责任债务违约的期权，贷款人通过分期债务融资放弃的期权，债务与股权混合的风险资本融资	项目投资与管理	Trigeorgis (1993)
具有战略上和金融上应对不确定性能力的整合风险管理	通过规避、空制、合作、限制和灵活性管理战略风险	通过衍生品和保险进行金融风险管理	国际管理	Miller (1992)
具有风险识别、评估和缓解功能的整合运营与金融风险管理	通过缓冲、集中和应急计划缓解运营风险的策略	金融对冲策略和供应链金融	基于活动的供应链风险管理	Kouvelis 等 (2012)

表 8 - 9　反映整合风险管理分析探索的 PageRank 排位前五的论文

不确定性来源			依赖性			运营策略	金融工具	关系分析		优化方法		文献
需求	FX	其他	替代方案	限制	相关			补充	替代	集中	离散	
√		√			√	库存减少	金融资产，期权	√		√		Gaur 和 Seshadri (2005)
√		√			√	新闻供应商库存	金融资产			√		Caldentey 和 Haugh (2006)
√	√		√		√	产能规划，分配期权	货币远期，期权	√		√		Ding 等 (2007)
√			√		√	生产灵活性	货币远期，期权			√		Chowdhry 和 Howe (1999)
√		√	√		√	生产灵活性	货币债券，掉期，远期	√			√	Mello 等 (1995)

　　虽然替代效应也很明显，但这方面的大多数研究都阐明了运营与金融之间的互补性。运营对冲主要驱动盈利能力，而金融对冲在联合采用时可以调

整现金流变异性。因此，主要强调的是运营与金融之间的协调和协作，以集中的方式进行整合风险管理。从技术角度看，包括均值方差模型（Chowdhry和Howe，1999；Hommel，2003；Ding 等，2007；Chen 等，2014）基于方差的风险度量指标，将上行潜力和下行风险进行对称处理。作为一种替代方法，最近的研究致力于诸如风险价值（Park 等，2017）和条件风险价值（Koberstein 等，2013；Zhao 和 Huchzermeies，2015）等下行风险度量。

整合风险管理的实证研究已经检验了基于行业证据的运营与金融对冲之间的关系和相对有效性（见表 8 - 10）。在这种背景下，运营对冲的特征是跨国公司全球子公司网络在地理层面较为分散（Allayannis 等，2001；Kim 等，2006），航空业的燃油传递协议和特许经营（Carter 等，2006），因收购导致预期的运营波动性变化（Hankins，2011），以及实物期权。后者包括市场进入和退出，生产和采购转换，以及收购和出售子公司（Aabo 和 Simkins，2005）。金融对冲以外币衍生品或外币债务的规模来衡量，这种对冲被用来管理利率、价格和货币风险等因素的敞口（Allayannis 等，2001；Aabo 和 Simkins，2005；Carter 等，2006；Kim 等，2006；Hankins，2011）。

表 8 - 10　关于整合风险管理实证评估的 **PageRank** 排位前五的论文

样本数量（篇）	样本区域	观测期（年）	运营战略	财务工具	互补	替代	文献
424	美国	1996—2000	地理分散	货币衍生品名义总额除以外汇交易总数	√	√	Kim 等（2006）
756	美国	1996—1998	地理分散	外汇衍生品或外债	√		Allayannis 等（2001）
259	美国	1992—2003	燃油传递协议和特许经营	用燃油价格衍生品进行金融对冲	√		Carter 等（2006）
487	美国	1995—2003	因收购导致预期的运营波动性变化	用利率衍生品进行对冲		√	Hankins（2011）
52	丹麦	2001	实物期权活动，包括市场进入和退出，生产和采购变化，收购和出售国外公司	货币风险的金融对冲		√	Aabo 和 Simkins（2005）

运营对冲和金融对冲之间的互补关系得到了支持，研究发现，运营对冲并不能有效地替代金融对冲（Allayannis 等，2001）。因此，运用运营对冲相对较多的公司可能会采用金融衍生品，而这种联合运营与金融对冲跟降低风险敞口和提高公司价值相关（Carter 等，2006；Kim 等，2006）。运营对冲通常用于减少长期经济风险，而金融对冲通常用于管理短期交易风险（Kim 等，2006）。实物期权（金融对冲）的使用随着时间范围的延长而增加（减少）（Aabo 和 Simkins，2005），证实了"运营与金融风险管理可以被替代"。此外，通过收购进行运营对冲（减少运营波动性）是通过衍生品进行金融对冲的可行替代方法（Hankins，2011）。

8.4.3　运营效益对金融绩效的影响

供应链运营是金融绩效的支柱。表 8 - 11 中列出的论文实证分析了运营实践——如供应链整合、成员关系、失灵以及准时制（JIT）库存——与客户服务、股东价值和盈利能力之间错综复杂的联系。这些指标包括资产收益率（ROA）、投资收益率（ROI）、销售收益率（ROS）和利润率。供应链整合和金融指标之间的关系完全由客户服务来调节（Vickery 等，2003）。供应商整合对企业绩效有正向影响，而系统整合对金融指标的影响大于流程整合（Huo 等，2013）。集中型供应链成员关系可使下游合作伙伴获得更高的利润，而生产率的提高（大于效率的提高）是资产收益率的主要驱动因素（Lanier 等，2010）。供应链失灵与以异常股票回报衡量的股东财富的减少有关，也与以运营收入、资产收益率和销售收益率衡量的公司绩效下降有关（Hendricks 和 Singhal，2003、2005）。最大化库存生产率与随后的股票表现呈正相关，因为投资组合的回报依赖于在做出股票投资决策时对库存信息的及时考虑（Alan 等，2014）。

8.4.4　联合融资与产能库存决策

与研究多个企业的决策以协调整个链中物流和资金流的供应链金融相比，大多数联合融资和产能库存决策分析的是单一企业背景下资本结构和运营策略之间的相互关系。我们在表 8 - 12 中总结了大部分这类研究，分析和优化了产能、生产和库存计划等运营策略与贷款、基于资产的融资、IPO 和供应商

表 8 – 11　关于运营效益对财务绩效影响评估的 **PageRank** 排位前五的论文

样本数量（篇）	样本区域	观测期（年）	方法	运营视角	金融绩效	主要结果	文献
57	北美	2001	结构方程模拟	供应链整合	客户服务，税前 ROA，ROI，ROS	通过客户服务，供应链整合与金融绩效的关系是间接的；如研究发现，在汽车行业一级供应商中，客户服务在供应链整合和企业绩效之间起到了完全（而不是部分）的调节作用	Vickery 等（2003）
519	全球	1989—2000	回归	供应链失灵	按异常股票回报衡量的股东价值	供应链失灵公告与股东价值异常下降（10.28%）有关……规模较大的公司受到的负面市场影响较小，而具有较高增长前景的公司受到的负面影响更大	Hendricks 和 Singhal（2003）
276	全球	1980—1996 和 1997—2006	回归	集中型供应链成员	ROA，利润率，周转率和周期	供应链关系利润方面的好处主要是由下游供应链成员获取，而现金周期方面的好处是在整个供应链中实现的。供应链成员的金融绩效随着下游议价能力、下游关系持续时间和供应集中程度这些指标而有系统地发生变化	Lanier 等（2010）
617	中国	2011	探索性因子分析	供应商关系	销售量增长，ROA，利润，市场份额，ROI	规范压力和模拟压力与系统集成和过程集成均呈正相关；而胁迫压力只与过程整合呈正相关，与系统整合无显著相关……系统与过程整合对金融绩效均有正面影响	Huo 等（2013）
253	美国	1996—1997	回归	JIT	ROA，ROS 和现金流利润	从截面和纵向的角度来看，在盈利能力和具体 JIT 实践的应用程度之间存在显著的统计关系，那些实施和维持 JIT 制造系统的公司将通过提高金融绩效获得可持续的回报	Fullerton 等（2003）

补贴等金融工具（Babich 和 Sobel，2004；Buzacott 和 Zhang，2004；Dada 和 Hu，2008；Babich，2010；Chod 和 Zhou，2014）之间的关系。通过提出金融

决策和运营决策相互独立的条件，以及识别使这两个职能不可分割的因素（Babich 和 Sobel，2004；Buzacott 和 Zhang，2004），经常可以检验 Modigliani - Miller 定理的有效性。所提出的联合最优决策旨在调整贷款期限和资本结构，以达到在单一和多产品环境下更好地实现供需匹配的目的（Dada 和 Hu 2008；Chod 和 Zhou，2014）。

　　所采用的筹资工具通常旨在解除对运营投资施加的预算限制，从而改变影响产能库存的决策和融资之间的相互作用。例如，在比例随机产量模型中，订货量和供应商补贴是制造商的替代品，它们之间的关系是由初始成本模型中制造商成本函数的凸性决定的（Babich，2010）。此外，外部融资的企业应该比股权融资的企业投资灵活性产能更多，因为资源的灵活性确保了风险共担的收益，并通过更优惠的信贷条件降低了融资成本（Chod 和 Zhou，2014）。在这种情况下，与无担保贷款的公司相比，使用有担保贷款的公司应该更倾向于增加灵活性产能，而不考虑信贷市场的竞争力（Boyabatli 和 Toktay，2011年）。金融灵活性较差的公司应在单位投资成本范围内采用专用产能，除非产能预算严重受限（Boyabatli 等，2016）。

表 8 - 12　关于联合融资和产能库存决策的 PageRank 排位前五的论文

核心企业	运营策略	金融工具	主要因素	主要结果	文献
从风险供应商处采购的制造商	产能预订	供应商补贴	供应商资产水平的波动性，需求分布	在独立供需冲击、无库存、随机产能、零前期成本的假设条件下，制造商（买方）可以独立于补贴决策进行订货决策。在一定的条件下，最优的补贴政策有一种"补贴一直至"结构，且在一定条件下，最优的订购决策是分形的	Babich（2010）
资金紧张的新闻供应商	订货量	银行贷款	利率，协调贷款计划	贷方收取的利率降低了新闻供应商的权益……得出一个非线性的贷款时间表以对渠道进行协调	Dada 和 Hu（2008）
生产单一产品的制造商	生产和库存控制	基于资产的融资	利率、贷款限制、现金头寸、破产风险、需求不确定性	"基于资产的贷款使企业无须重新商谈贷款就能继续成长，而等价的无担保贷款在早期会带来更多收益，但之后会限制收益。""零售商能够提高它们的现金回报，且超过只使用它们自有资本的现金回报"	Buzacott 和 Zhang（2004）

续　表

核心企业	运营策略	金融工具	主要因素	主要结果	文献
IPO 之前的初创公司	产能扩张	IPO	产能、需求分布、无风险折扣系数、流动资产、破产风险	"运营决策与金融决策是不可分割的"，"……得出的银行贷款额是产能增量和状态变量的函数……企业应该借到可用的流动资产和产能扩张所需的金融资源之间的差额"	Babich 和 Sobel（2004）
投资灵活性和非灵活性产能生产两种产品的公司	资源灵活性	债务融资	债务与利息价值、债务的代理成本、债务的税收优惠、发行股票的成本、金融困境的成本、需求状态	……在存在债务的情况下，资源金融性除了减少供需脱节之外，还有其他好处。也就是说，资源金融性缓解了股东—债权人代理冲突以及昂贵的违约风险……资源灵活性缓解了投资不足的问题，因为其部分能力可以降低企业破产的概率	Chod 和 Zhou（2014）

8.4.5　运营管理中的实物期权与对冲

运用实物期权进行运营对冲是基于金融期权逻辑在供应链和运营管理中的应用，这方面的研究见表 8-13。可以采用各种基于实物期权的运营灵活性来推迟、扩张、收缩、退出、转换或改进运营决策，以减少运营中的不确定性，包括汇率波动、需求风险和不可靠的供应（Kogut 和 Kulatilaka，1994；Huchzermeier 和 Cohen，1996；Kazaz 等，2005；Van Mieghem，2007；Wang 等，2010）。

如 8.4.1 所述，实物期权定价和对冲框架为整合运营对冲和金融灵活性奠定了基础。通过实行生产、转换和分配期权来管理货币风险（Kogut 和 Kulatilaka，1994；Huchzermeier 和 Cohen，1996；Kazaz 等，2005）是全球供应链网络中通过实物期权进行运营对冲的主流。在这一领域，学者们对相关的管理策略进行了比较，并探讨了如何将它们结合起来提高企业的盈利能力。例如，评估了新闻供应商网络中的运营多样化、灵活性和共享策略（Van Mieghem，2007）。在该网络中，运营对冲有利于以较低的成本提供产能，从而以较低的利润变异性风险对市场进行供应。在降低供应风险的背景下，研究了从多个供应商处进行灵活性采购在提高供应商可靠性方面的相对有效性，并改进了流程。当供应商可靠性较低、需求超过产能时，双重采购和流程改进的结合会对供应风险的缓解产生显著的价值（Wang，2010）。在存在供应链网络期权的情况下，通过汇率远期合约进行的金融对冲对运营对冲的影响有限（Huchzermeier 和 Cohen，1996）。

表 8 – 13　关于运营管理中实物期权和对冲研究的 **PageRank** 排位前五的论文

不确定性来源	核心企业	运营（和金融）策略	主要因素	主要结果	文献
货币风险	拥有全球生产网络的全球企业	通过供应链网络期权进行运营对冲和通过远期合约进行金融对冲	汇率及其相关性、需求状态、转换成本、市场价格	企业的全球制造战略决定了替代产品设计和供应链网络设计的期权。产品期权引入国际供应灵活性。供应链网络期权通过产能和供应链网络连接来决定该企业的制造灵活性	Huchzermeier 和 Cohen （1996）
需求风险、利润变动性风险	生产两种产品、风险厌恶的新闻供应商	通过专有资源、资源共享和灵活性、需求集中来实现多样化	风险敞口，风险规避，需求相关性	"风险厌恶的新闻供应商可能会增加网络产能和总支出，使其高于风险中性水平，因为调整产能可能会减少利润方差。""为了运营对冲，可能会增加供应低利润方差市场的廉价资源，特别是具有强负相关的情况下"	Van Mieghem （2007）
货币风险	拥有全球生产设施的跨国公司	在位于不同国家的两个制造厂转移生产	汇率，转换成本，增长期权，转让定价	存在"滞后效应和国内增长期权……对跨境协调的管理导致了用于绩效评估和转让定价的启发式规则的改变"	Kogut 和 Kulatilaka （1994）
供应风险，需求不确定性	能够从多个供应商采购的买方	双源采购和流程改善以提高供应商的可靠性	需求状态，采购数量，供应商可靠性，供应商间的成本差异，单位改善成本	对于随机产能，随着供应商成本异质性的增加，改善比双重采购更受青睐，但如果供应商可靠性的异质性较高，则双重采购比改善更受青睐。在随机产量模型中，成本异质性的增加会降低改善的吸引力，当可靠性的异质性较高时，改善优于双重采购	Wang 等 （2010）

不确定性来源	核心企业	运营（和金融）策略	主要因素	主要结果	文献
货币风险，需求不确定性	作出生产和分配决策的全球制造商	生产对冲，分配对冲	汇率及其相关性，需求实现的时机，价格的确定	"……生产对冲的流行程度因汇率之间的相关程度而有所减缓……生产和分配对冲对这些一般化而言是稳健的，应纳入全球制造企业的总体规划战略"	Kazaz 等（2005）

8.4.6　供应链整合运营与金融规划

供应链网络中运营方面和金融指标的联合规划通常在相对复杂的优化、计算和仿真模型中进行分析，表 8-14 中列出了这一研究方向的领先论文名单。因此，这些研究工作提出了有效的启发式供应链规划（Guillen 等，2007；Gupta 和 Dutta，2011），并提出了同时优化运营与金融绩效指标的整体方法（Protopappa - Sieke 和 Seifert，2010；Longinidis 和 Georgiadis，2011、2014）。

关于这一点，对金融方面的讨论集中在营运资金和流动性的管理（Guillen 等，2007；Protopappa - Sieke 和 Seifert，2010；Gupta 和 Dutta，2011；Longinidis 和 Georgiadis，2011）以及融资方案上（Longinidis 和 Georgiadis，2014）。与此同时，运营决策探讨产能、生产、库存和分配的排程。与传统方法相比，整合运营规划和金融预算的价值得到了强调。在传统方法下，首先做出运营决策，然后进行金融调整（Guillen 等，2007）。在整合方法下，管理者在设计供应链网络时也会考虑股东价值（Longinidis 和 Georgiadis，2011）。此外，公司应该评估供应链基础设施的配置，以改善其财务比率，同时考虑房地产市场的前景（Longinidis 和 Georgiadis，2014）。

表 8-14 关于供应链中整合运营与金融规划研究的 **PageRank** 排位前五的论文

不确定性来源	研究范围	运营方面	金融视角	主要因素	主要结果	文献
收到发票和现金	批发商从制造商处购买产品并配送给零售商	库存决策	支付时机：提前支付享有折扣和延迟支付承担利息	折扣率和利率、解决方法的复杂性和准确性	在任何特定的时间点支付哪一张发票的决策……受到待付发票和可用现金的影响……对于数年和数百张发票的大问题，动态启发式可能比间隔启发式更受青睐	Gupta 和 Dutta (2011)
需求不确定性	由外部和内部供应商、配料厂、仓库和客户组成的供应链	产能、生产、计划和库存排程	预算约束下的现金管理	库存水平、需求预测	将整合模型的计算结果与传统顺序策略的计算结果进行了比较，传统顺序策略首先计算运营，然后对金融进行拟合。得到的结果显示了为供应链管理设计更广泛的模拟系统的重要性，从而增加总收益	Guillen 等 (2007)
资金约束，付款延迟	在营运资金约束和付款延迟下企业决定订货量	服务水平、利润率、库存管理	付款条件和营运资金需求，投资回报率	付款延迟、利润率、服务水平	通过降低运营成本，上游/下游支付延迟的增加/减少有利于系统的运营。此外，系统营运资金的增加降低了总运营成本，增加了总金融成本，降低了营运资金投资回报率	Protopappa-Sieke 和 Seifert (2010)
需求不确定性	多产品、四级供应链网络	规划仓库/配送中心、生产、库存和运输决策	流动比率、资产管理比率、偿债能力比率、盈利能力比率、经济增加值	资金的加权平均成本、生产、搬运、运输、基础设施、储存成本	模拟财务报表使供应链经理能够在不低估盈利公司基本目标的情况下做出整体决策，这就是股东价值的创造	Longinidis 和 Georgiadis (2011)
需求不确定性	多产品、四级供应链网络	规划仓库/配送中心、生产、库存和运输决策	售后回租的仓库和配送中心的数量和时机	运输量、搬运能力、库存、总资源可用性、产能	管理者应该能够评估供应链网络决策如何对公司的整体绩效做出贡献，而不是仅仅以成本为导向的指标。通过先进的金融管理方法，如售后回租等，可以将固定资产作为提高流动性和增强信用偿付能力的媒介	Longinidis 和 Georgiadis (2014)

8.4.7 商品交易中的价值评估与风险缓解

商品风险管理通常整合了商品的物理存储和交易（如谷物、水果、蔬菜、贵金属、煤炭、石油和天然气）以及通过金融衍生品进行对冲（见表 8 – 15）。这一研究方向与货币风险整合运营和金融对冲的分析研究有关，但不同之处在于商品价格的波动影响企业的采购成本和销售价格，而汇率波动则影响海外运营。

在运营方面，存储能力和库存决策对于商品的供需匹配至关重要。在金融方面，公司可以利用商品价格的波动性，在商品交易中使用储存资产的实物期权（Secomandi，2010a），或通过使用与商品价格挂钩的金融衍生品来缓解这种波动性（Kouvelis 等，2013；Turcic 等，2015）。商品转换资产、储存和运输能力的价值取决于商品价格的价差期权（Secomandi，2010b；Secomandi 和 Wang，2012）。当商品储存资产有空间和能力限制时，运营和交易决策是交织在一起的，因为最优策略取决于商品现货价格和商家的库存可用性（Secomandi，2010a）。金融对冲可以减少多期背景下风险厌恶型交易商的库存。因此，金融经理应该将库存层面的考虑纳入它们的金融对冲决策中，而通过从现货市场获取投入要素来进行运营对冲比金融对冲降低风险的效果更为明显（Kouvelis 等，2013）。此外，在某些情况下，供应中断的风险可能导致两家公司构成的供应链成员对投入成本进行金融对冲（Turcic 等，2015）。

表 8 – 15　关于在商品交易中价值评估与风险缓解研究的 **PageRank** 排位前五的论文

不确定性来源	研究范围	运营方面	金融视角	主要因素	主要结果	文献
商品现货价格	存在空间和收发货能力限制的仓库问题	库存管理	商品交易	收发货能力、比例系数	存储资产的能力和空间限制之间的相互作用，揭示了交易和运营结合的重要性质……对两者结合的管理不善可能导致重大的价值损失。此外，使商人的最优交易策略适应现货价格的随机演化具有重要的价值	Secomandi (2010a)

不确定性来源	研究范围	运营方面	金融视角	主要因素	主要结果	文献
天然气价格	天然气管道能力定价	天然气供需匹配	能力定价	体积、商品率、需求率	能力应以其交易价值定价，每个参与天然气运输的企业将交易价值解释为管道两端天然气价格的价差期权的价值……在对这种能力定价时，未来天然气价格的不确定性是运营绩效的重要驱动因素	Secomandi (2010b)
商品价格、消费量	从现货市场和长期供应商处采购可储存商品的风险厌恶公司	库存管理	金融对冲	服务水平、均值、方差、现金流的效用、需求和现货价格的相关性	只要在每个时期使用期货，无论是否单独使用，最优库存政策都是短视的。然而，最优对冲政策绝不是短视的，而是取决于未来所有的最优决策。此外，在多期问题中，对冲可能导致库存减少	Kouvelis 等 (2013)
商品价格	天然气管道运输能力、能源转换资产的网络合同	评估商品转换资产的能力、商品实物交易	金融上对冲实物交易现金流	商品运费率和燃料消耗率、价差期权启发的绩效	具有这种灵活性合同的最优运营策略是贪心型的，而没有这种灵活性的合同的最优操作策略通常不是。贪心优化为后一种合同产生一个接近最优的运营政策，其计算工作量大大减少……模型也可以用于有效地估计合同价值敏感性，商家将其用于金融对冲目的	Secomandi 和 Wang (2012)
随机的投入成本和需求	当两家公司都面临随机投入成本时，"卖给报童"模型的风险中性供应链	订货量和定价决策	商品输入成本的金融对冲	需求率、订货量、对冲政策	在供应链崩溃风险将导致供应链成员对冲其投入成本的情况下，下游买方的市场力量超过一个临界阈值；或者上游企业经营利润很大，下游企业对最终产品有较高的基本需求，下游企业的市场力量低于临界阈值	Turcic 等 (2015)

8.4.8　研究综述与 OFI 的其他主题

这一类包括关于运营和金融之间相互作用的文献综述，以及关于新兴主题的论文集，这些主题不属于任何主流研究方向（已在 8.4.1 节至 8.4.7 节中呈现），也没有发展到足以构成一个新的研究方向或领域。回顾有代表性的文献，将其总结在表 8 - 1 中。我们在 8.5 节中讨论未来研究的潜在方向的时候，会提到关于 OFI 的有前景和创新的主题。

8.5　结论与未来研究

本章提供了文献计量分析并进行了定性总结，回顾了关于 OFI 的概念、分析和实证研究。我们整理并分析了该领域的主要文章。通过确定论文引用网络中的八个研究方向，描述了 OFI 研究状况的特征，并参照主要论文（根据 PageRank 指标）和最近发表的代表性文章对每个研究方向进行总结。

未来 OFI 研究的机会可以使用下面描述的四种方法中的一种或多种来捕捉（Simchi - Levi，2014；Tang，2017）。第一种方法是问题驱动的研究，即通过与实践相关的研究问题来识别和优化现实问题。例如，私营行业供应链的捐赠者（如国际基金）可能需要决定是资助疟疾药物的销售还是补贴购买，以使发展中国家的客户更能买得起这些药物。在这种情况下，可以建议捐助者只补贴购买而不是资助销售。影响捐赠者决策的因素包括产品货架期、定价灵活性、零售商异质性和供应链结构（Taylor 和 Xiao，2014）。

第二种方法是现象驱动的研究，即对相关创新的观察和总结，从而激发新的研究思路和问题。这种办法的一个例子是受产品召回现象的启发，提出了解决产品掺假问题的三个解决办法：推迟支付已运产品的货款，对产品进行更密切的检查，或两者兼而有之。事实证明，延期付款可以成功地防止供应商的产品掺假，而检查产品不能防止掺假，将这些机制结合在一起并不能增加价值（Babich 和 Tang，2012）。

第三种方法是文献驱动的研究。包括理论推进和受到现存文献的启发和证明而进一步发展先前的见解。例如，在产品或延迟灵活性和金融对冲领域的研究进展已经使学者在风险厌恶的多产品环境中对它们之间关系进行了探索（Chod 等，2010）。

　　第四种方法是数据驱动的研究，或行业数据的收集和评估。这可以加深我们对管理观点的理解，并检验理论模型假设的结果是否存在。例如，Houston 等（2016）应用 2000 多笔供应商贷款的数据集比较破产前和破产后的融资成本。作者报告说，破产后平均成本增加了 20%，这凸显了收购公司破产对其主要供应商融资成本的影响。

参考资料

Chapter 1

1. Alan, Y. , & Gaur, V. （2012）. *Operational investment and capital structure under asset based lending: A one period model.* Working paper, Cornell University.

2. Babich, V. （2010）. Independence of capacity ordering and financial subsidies to risky suppliers. *Manufacturing & Service Operations Management*, 12, 583 – 607.

3. Birge, J. , Kouvelis, P. , & Seppi, D. （2007）. Call for papers: Special Issue of *Management Science*. Interfaces of Operations and Finance.

4. Boyabatli, O. , & Toktay, L. B. （2011）. Stochastic capacity investment and flexible vs. Dedicated technology choice capacity investment in imperfect capital markets. *Management Science*, 57, 2163 – 2179.

5. Buehler, K. , Freeman, A. , & Humle, R. （2008）. Owning the right risk. *Harvard Business Review*, 86, 102 – 110.

6. Cachon, G. , & Terwiesch, C. （2013）. *Matching supply with demand: An introduction to operations management.* McGraw – Hill Education.

7. Caldentey, R. , & Haugh, M. （2006）. Optimal control and hedging of operations in the presence of financial markets. *Mathematical Operations Research*, 31, 285 – 304.

8. Caldentey, R. , & Haugh, M. （2009）. Supply contracts with financial hedging. *Operations Research*, 57, 47 – 65.

9. Chen, L. , Li, S. , & Wang, L. （2014）. Capacity planning with financial and operational hedging in low – cost countries. *Production and Operations Management*, 23, 1495 – 1510.

10. Chen, X. , Sim, M. , Simchi – Levi, D. , & Sun, P. （2007）. Risk aversion in inventory management. *Operations Research*, 55, 828 – 842.

11. Chod, J. , Rudi, N. , & Van Mieghem, J. A. （2010）. Operational flexibility and financial hedging: Complements or substitutes? *Management Science*, 56, 1030 – 1045.

12. Chod, J. , & Zhou, J. （2014）. Resource flexibility and capital structure. *Management Science*, 60, 708 – 729.

13. Chowdhry, B. , & Howe, J. T. B. （1999）. Corporate risk management for multinational corporations: Financial and operational hedging policies. *European Finance Review*, 2, 229 – 246.

14. Christopher, M. , & Rutherford, C. （2004）. Creating supply chain resilience through agile six sigma *Critical Eye*, 24 – 28.

15. Cox, L. A. , Jr. （2008）. What's wrong with risk matrices? *Risk Analysis*, 28, 497 – 512.

16. Dada, M. , & Hu, Q. （2008）. Financing newsvendor inventory. *Operations Research Letters*, 36, 569 – 573.

17. Ding, Q. , Dong, L , & Kouvelis, P. （2007）. On the integration of production and financial hedging decisions in global markets. *Operations Research*, 55, 470 – 489.

18. Dong, L. , & Tomlin, B. （2012）. Managing disruption risk: The interplay between operations and insurance. *Management Science*, 58, 1898 – 1915.

19. Froot, K. A. , Scharfstein, D. S. , & Stein, J. C. （1994）. A framework for risk management. *Harvard Business Review*, 72, 91 – 102.

20. Froot, K. A. , Scharfstein, D. S. , & Stein, J. C. （1993）. Risk management: Coordinating corporate investment and financing policies. *Journal of Finance*, 48, 1629 – 1658.

21. Gamba, A. , & Triantis, A. J. （2008）. The value of financial flexibility. *Journal of Finance*, 63, 2263 – 2296.

22. Gamba, A. , & Triantis. A. J. （2014）. Corporate risk management: Integrating liquidity, hedging, and operating policies. *Management Science*, 60, 246 – 264.

23. Gaur, V. , & Seshadri, S. （2005）. Hedging inventory risk through mar-

ket instruments. *Manufacturing & Service Operations Management*, 7, 103 – 120.

24. Glaum, M. (2005). Foreign exchange risk management in German non – financial corporations: An empirical analysis. In M. Frenkel, U. Hommel, & M. Rudolf, (Eds.), *Risk management— Challenge and opportunity* (pp. 373 – 393). Berlin: Springer.

25. Gupta, S., & Dutta, K. (2011). Modeling of financial supply chain. *European Journal of Operational Research*, 211, 47 – 56.

26. Hommel, U. (2003). Financial versus operative hedging of currency risk. *Global Finance Journal*, 14, 1 – 18.

27. Huchzermeier, A. (1991). *Global manufacturing strategy planning under exchange rate uncertainty*. Ph. D. Thesis, The Wharton School, University of Pennsylvania.

28. Huchzermeier, A., & Cohen, M. A. (1996). Valuing operational flexibility under exchange rate risk. *Operations Research*, 44, 100 – 113.

29. Hull, J. C. (2012). *Options, futures, and other derivatives* (8th ed.). Boston: Pearson Education.

30. Institution of Civil Engineers and the Faculty and Institute of Actuaries [ICE/FIA]. (2009). ERM—A guide to implementation (Draft). Institution of Civil Engineers and the Faculty and Institute of Actuaries, London.

31. International Organization for Standardization [ISO]. (2008). Risk management—Principles and guidelines on implementation. Draft International Standard, ISO/DIS31000.

32. International Financial Reporting Standards [IFRS]. (2012). Technical summary. IAS (International Accounting Standards) 32 financial instruments: presentation. International Financial Reporting Standards.

33. Kleindorfer, P. (2012). Foreword. In P. Kouvelis, L. Dong, O. Boyabatli, & R. Li (Eds.), *Handbook of integrated risk management in global supply chains* (pp. xiii – xiv). New York: Wiley.

34. Kleindorfer, P. R., & Saad, G. H. (2005). Managing disruption risks in supply chain. *Production and Operations Management*, 14, 53 – 68.

35. Kouvelis, P., Li, R., & Qing, D. (2013). Managing storable commodity risks: The role of inventories and financial hedge. *Manufacturing & Service Opera-*

tions Management, 15, 507 – 521.

36. Kouvelis P. , L. Dong, O. Boyabatli, & R. Li. (2012) . Integrated risk management: A conceptual framework with research overview and applications in practice. In P. Kouvelis, L. Dong, O. Boyabatli, & R. Li (Eds.), *Handbook of integrated risk management in global supply chains* (pp. 3 – 12) . New York: Wiley.

37. Kouvelis, P. , & Zhao, W. (2012) . Financing the newsvendor: Supplier vs. bank, and the structure of optimal trade credit contracts. *Operations Research*, 60, 566 – 580.

38. Lee, H. L. (2004) . The triple – A supply chain. *Harvard Business Review*, October, 102 – 112.

39. Lee, H. L. , O' Marah, K. , & John, G. (2012) . The chief supply chain officer report 2012. SCM World.

40. Lee, H. L. , & Tang, C. S. (1997) . Modeling the costs and benefits of delayed product differentiation. *Management Science*, 43, 40 – 53.

41. Mello, A. S. , Parsons, J. E. , & Triantis, A. J. (1995) . An integrated model of multinational flexibility and financial hedging. *Journal of International Economics*, 39, 27 – 52.

42. Meulbroek, L. (2002) . The promise and challenge of integrated risk management. *Risk Management and Insurance Review*, 5, 55 – 66.

43. Miller, K. (1992) . A framework for integrated risk management in international business. *Journal of International Business Studies*, 23, 311 – 331.

44. Modigliani, F. , & Miller, M. (1958) . The cost of capital, corporation finance, and the theory of investment. *The American Economic Review*, 48, 261 – 297.

45. Natarajan, K. , Sim, M , & Teo, C. (2012) . Beyond risk: Ambiguity in supply chains. In P. Kouvelis, L. Dong, O. Boyabatli, & R. Li (Eds.), *Handbook of integrated risk management in global supply chains* (pp. 103 – 124) . New York: Wiley.

46. Pfohl, H. – C. , & Gomm, M. (2009) . Supply chain finance—Optimizing financial flows in supply chains. *Logistics Research*, 1, 149 – 161.

47. Porter, M. E. (1985) . *Competitive advantage: Creating and sustaining superior performance*. New York: The Free Press.

48. Porter, M. E. （1996）. What is strategy? *Harvard Business Review*, 74, 61 – 78.

49. Sharpe, W. （1985）. *Investments* （3rd ed.）. Englewood Cliffs, NJ: Prentice – Hall.

50. Sheffi, Y., & Rice, J., Jr. （2005）. A supply chain view of the resilient enterprise. *MIT Sloan Management Review*, 47, 41 – 48.

51. Smith, C. W., & Stulz, R. M. （1985）. The determinants of firms' hedging policies. *Journal of Financial and Quantitative Analysis*, 20, 391 – 405.

52. Stulz, R. （1996）. Rethinking risk management. *Journal of Applied Corporate Finance*, 9, 8 – 25.

53. Tang, C. S. （2006）. Perspectives in supply chain risk management. *Internationl Journal of Production Economics*, 103, 451 – 488.

54. Triantis, A. J. （2000）. Corporate risk management: Real options and financial hedging. *Journal of Applied Corporate Finance*, 13, 64 – 73.

55. Trigeorgis, L. （1993）. Real options and interactions with financial flexibility. *Financial Management*, 22, 202 – 224.

56. Van Mieghem, J. A. （2003）. Capacity management, investment and hedging: Review and recent developments. *Manufacturing & Service Operations Management*, 5, 269 – 302.

57. Van Mieghem, J. A. （2012）. Risk management and operational hedging: An overview. In P. Kouvelis, L. Dong, O. Boyabatli, & R. Li （Eds.）, *Handbook of integrated risk management in global supply chains* （pp. 13 – 49）. New York: Wiley.

58. Yang, S. A., & Birge, J. （2010）. *How inventory is （should be） financed: Trade credit in supply chains with demand uncertainty and costs of financial distress.* Working paper, University of Chicago.

59. Zhu, W., & Kapuscinski, R. （2011）. *Optimal operational versus financial hedging for a risk – averse firm.* Working paper, University of Michigan.

Chapter 2

1. Alan, Y., & Gaur, V. （2012）. *Operational investment and capital structure under asset based lending: A one period model.* Working paper, Cornell University.

2. Babich, V. (2010). Independence of capacity ordering and financial subsidies to risky suppliers. *Manufacturing & Service Operations Management*, 12, 583 – 607.

3. Babich, V., Aydin G., Brunet, P. – Y., Keppo, J., & Saigal, R. (2012). Risk, financing and the optimal number of suppliers. In H. Gurnani, A. Mehrotra, & S. Ray (Eds.), *Managing supply disruptions* (pp. 195 – 240). London: Springer.

4. Babich, V., & Sobel, M. J. (2004). Pre – IPO operational and financial decisions. *Management Science*, 50, 935 – 948.

5. BMW. (2015). BMW annual report 2014.

6. Bolton, P., Chen, H., & Wang, N. (2009). *A unified theory of Tobin's q, corporate investment, financing, and risk management*. Working paper, Columbia University.

7. Boyabatli, O., & Toktay, L. B. (2011). Stochastic capacity investment and flexible vs. Dedicated technology choice capacity investment in imperfect capital markets. *Management Science*, 57, 2163 – 2179.

8. Buzacott, J., & Zhang, R. (2004). Inventory management with asset – based financing. *Management Science*, 50, 1274 – 1292.

9. Caldentey, R., & Haugh, M. (2006). Optimal control and hedging of operations in the presence of financial markets. *Mathematical Operations Research*, 31, 285 – 304.

10. Chen, X., Sim, M., Simchi – Levi, D., & Sun, P. (2007). Risk aversion in inventory management. *Operations Research*, 55, 828 – 842.

11. Chowdhry, B., & Howe, J. T. B. (1999). Corporate risk management for multinational corporations: Financial and operational hedging policies. *European Finance Review*, 2, 229 – 246.

12. Ding, Q., Dong, L., & Kouvelis, P. (2007). On the integration of production and financial hedging decisions in global markets. *Operations Research*, 55, 470 – 489.

13. Dong, L., & Tomlin, B. (2012). Managing disruption risk: The interplay between operations and insurance. *Management Science*, 58, 1898 – 1915.

14. Euro Banking Association [EBA]. (2014). *Supply chain finance—EBA*

European market guide.

15. Froot, K. A. , Scharfstein, D. S. , & Stein, J. C. （1994）. A framework for risk management. *Harvard Business Review*, 72, 91 – 102.

16. Gamba, A. , & Triantis, A. J. （2014）. Corporate risk management: Integrating liquidity, hedging, and operating policies. *Management Science*, 60, 246 – 264.

17. Graham, J. , & Leary, M. （2011）. A review of empirical capital structure research and directions for the future. *Annual Review of Financial Economics*, 3, 1 – 37.

18. Harris, M. , & Raviv, A. （1991）. The theory of capital structure. *Journal of Finance*, 46, 297 – 355.

19. Hommel, U. （2003）. Financial versus operative hedging of currency risk. *Global Finance Journal*, 14, 1 – 18.

20. Hull, J. C. （2012）. *Options, futures, and other derivatives* (8th ed.). Boston: Pearson Education.

21. Klapper, L. （2006）. The role of factoring for financing small and medium enterprises. *Journal of Banking Finance*, 30, 3111 – 3130.

22. Kouvelis, P. （1999）. Global sourcing strategies under exchange rate uncertainty. In S. Tayur, R. Ganeshan, & M. Magazine （Eds. ）, *Quantitative models for supply chain management* (pp. 625 – 668). Dordrecht: Kluwer Academic Publishers.

23. Kouvelis, P. , & Zhao, W. （2012）. Financing the newsvendor: Supplier vs. bank, and the structure of optimal trade credit contracts. *Operations Research*, 60, 566 – 580.

24. Li, L. , Shubik, M. , & Sobel, M. （2013）. Control of dividends, capital subscriptions, and physical inventories. *Management Science*, 59, 1107 – 1124.

25. Mello, A. S. , Parsons, J. E. , & Triantis, A. J. （1995）. An integrated model of multinational flexibility and financial hedging. *Journal of International Economics*, 39, 27 – 52.

26. Modigliani, F. , & Miller, M. （1958）. The cost of capital, corporation finance, and the theory of investment. *The American Economic Review*, 48, 261 – 297.

27. Modigliani, F. , & Miller, M. H. （1963）. Corporate income taxes and

the cost of capital: A correction. *The American Economic Review*, 53, 433 – 443.

28. Myers, S. C. (1984). The capital structure puzzle. *Journal of Finance*, 39, 575 – 592.

29. Myers, S. C. (2003). Financing of corporations. In G. Constantinides, M. Harris, & R. Stulz (Eds.), *Handbook of the economics of finance: Corporate finance* (pp. 215 – 254). Amsterdam: North Holland.

30. Myers, S. C., & Majluf, N. S. (1984). Corporate financing and investment decisions when firms have information that investors do not have. *Journal of Financial Economicss*, 13, 187 – 221.

31. Protopappa – Sieke, M., & Seifert, R. W. (2010). Interrelating operational and financial performance measurements in inventory control. *European Journal of Operational Research*, 204, 439 – 448.

32. Rorsted, K., & Knobel, C. (2012). The relevance of management control for Henkel. Presentation, Henkel AG.

33. Smith, C. W., & Stulz, R. M. (1985). The determinants of firms' hedging policies. *Journal of Financial and Quantitative Analysis*, 20, 391 – 405.

34. Smith, J. E., & Nau, R. F. (1995). Valuing risky projects: Option pricing theory and decision analysis *Management Science*, 41, 795 – 816.

35. Stulz, R. (1996). Rethinking risk management. *Journal of Applied Corporate Finance*, 9, 8 – 25.

36. White, J. (2005). Ford to pay up to $1. 8b on Visteon. *Wall Street Journal* (May 26) A3.

37. Xu, B., & Liu, Y. (2012). Managing foreign exchange risk: BMW moved production overseas. October 30, 2012.

38. Xu, X., & Birge, J. (2004). *Joint production and financing decisions: Modelling and analysis.* Working paper, Northwestern University.

39. Yang, S. A., & Birge, J. (2010). *How inventory is (should be) financed: Trade credit in supply chains with demand uncertainty and costs of financial distress.* Working paper, University of Chicago.

40. Yang, S. A., & Birge, J. (2013). *How inventory is (should be) financed: Trade credit in supply chains with demand uncertainty and costs of financial distress.* Working paper, University of Chicago.

Chapter 3

1. Aydln, G. , Babich, V. , Beil, D. R. , & Yang, Z. （2012）. Decentralized supply risk management. In: Kouvelis, P. , Boyabatli, O. , Dong, L. , & Li, R. （Eds. ）, *Handbook of integrated risk management in global supply chains* （389 - 424）. New York: Wiley.

2. Babich, V. , Burnetas, A. N. , & Ritchken, P. H. （2007）. Competition and diversification effects in supply chains with supplier default risk. *Manufacturing & Service Operations Management*, 9, 123 - 146.

3. Blome, C. , & Henkel, M. （2009）. Single versus multiple sourcing: A supply risk management perspective. In Zsidisin, G. A. , & Ritchie, B. （Eds. ）, *Supply chain risk a handbook of assessment, management, and performance*. Berlin: Springer.

4. Cachon, G. （2003）. Supply chain coordination with contracts. In Graves, S. , de Kok, T. （Eds. ）, *Handbooks in operations research and management science: Supply chain management* （pp. 229 - 340）. Amsterdam: North Holland.

5. Cachon, G. （2003）. Supply chain coordination with contracts. In Graves, S. , de Kok, T. （Eds. ）, *Handbooks in operations research and management science: Supply chain management* （pp. 341 - 422）. Amsterdam: North Holland.

6. Chod, J. , & Rudi, N. （2005）. Resource flexibility with responsive pricing. *Operations Research*, 53 （3）, 532 - 548.

7. Christopher, M. （1992）. *Logistics and supply chain management*. London: Pitman.

8. Dada, M. , Petruzzi, N. C. , & Schwarz, L. B. （2007）. A newsvendor's procurement problem when suppliers are unreliable. *Manufacturing & Service Operations Management*, 9, 9 - 32.

9. Ding, Q. , Dong, L. , & Kouvelis, P. （2007）. On the integration of production and financial hedging decisions in global markets. *Operations Research*, 55, 470 - 489.

10. Donohue, K. （2000）. Efficient supply contracts for fashion goods with forecast updating and two production modes. *Management Science*, 46, 1397 - 1411.

11. Ernst, R., & Kamrad, B. (2000). Evaluation of supply chain structures through modularization and postponement. *European Journal of Operational Research*, 124, 495 – 510.

12. Fisher, M., & Raman, A. (1996). Reducing the cost of demand uncertainty through accurate response. *Operations Research*, 44, 87 – 99.

13. Froot, K. A., Scharfstein, D. S., & Stein, J. C. (1993). Risk management: Coordinating corporate investment and financing policies. *Journal of Finance*, 48, 1629 – 1658.

14. Gamba, A., & Triantis, A. J. (2014). Corporate risk management: Integrating liquidity, hedging, and operating policies. *Management Science*, 60, 246 – 264.

15. Guide, V. D. R., Jr., & Van Wassenhove, L. N. (2009). The evolution of closed – loop supply chain research. *Operations Research*, 57, 10 – 18.

16. Huchzermeier, A., & Cohen, M. A. (1996). Valuing operational flexibility under exchange rate risk. *Operations Research*, 44, 100 – 113.

17. Kazaz, B., Dada, M., & Moskowitz, H. (2005). Global production planning under exchange – rate uncertainty. *Management Science*, 51, 1101 – 1119.

18. Kim, S. – H., Cohen, M., & Netessine, S. (2007). Performance contracting in after – sales service supply chains. *Management Science*, 53, 1843 – 1858.

19. Kouvelis, P. (1999). Global sourcing strategies under exchange rate uncertainty. In Tayur, S., Ganeshan, R., Magazine, M. (Eds.), *Quantitative models for supply chain management* (625 – 668). Dordrecht: Kluwer Academic Publishers.

20. Kouvelis, P., & Gutierrez, G. (1997). The newsvendor problem in a global market: Optimal centralized and decentralized control policies for a two – market stochastic inventory system. *Management Science*, 43, 571 – 585.

21. Kouvelis, P., Li, R., & Qing, D. (2013). Managing storable commodity risks: The role of inventories and financial hedge. *Manufacturing & Service Operations Management*, 15, 507 – 521.

22. Latour, A. (2001). Trial by fire: A blaze in Albuquerque sets off major crisis for cell – phone giants. *Wall Street Journal*, January 29, 2001.

23. Lee, H. L. (1996). Effective management of inventory and service

through product and process redesign. *Operations Research*, 44, 151 – 159.

24. Lee, H. L. , & Tang, C. S. （1997）. Modeling the costs and benefits of delayed product differentiation. *Management Science*, 43, 40 – 53.

25. Nagurney, A. （2009）. A system – optimization perspective for supply chain network integration: The horizontal merger case. *Transportation Research*, 45, 1 – 15.

26. Pindyck, R. S. , & Rubinfeld, D. L. （1989）. *Microeconomics*. New York: Macmillan.

27. Rai, A. , Patnayakuni, R. , & Seth, N. （2006）. Firm performance impacts of digitally enabled supply chain integration capabilities. *MIS Quarterly*, 30, 225 – 246.

28. Roszkowski, M. J. , & Davey, G. （2010）. Risk perception and risk tolerance changes attributable to the 2008 economic crisis: A subtle but critical difference. *Journal of Financial Service Professionals*, 64, 42 – 53.

29. Sting, F. J. , & Huchzermeier, A. （2010）. Ensuring responsive capacity: How to contract with backup suppliers. *European Journal of Operational Research*, 207, 725 – 735.

30. Tang, C. S. （2006）. Perspectives in supply chain risk management. *Internationl Journal of Production Economics*, 103, 451 – 488.

31. Tomlin, B. （2006）. On the value of mitigation and contingency strategies for managing supply chain disruption risks. *Management Science*, 52, 639 – 657.

32. Tomlin, B. , & Wang, Y. （2005）. On the value of mix flexibility and dual sourcing in unreliable newsvendor networks. *Manufacturing & Service Operations Management*, 7, 37 – 57.

33. Van Mieghem, J. A. （2007）. Risk mitigation in newsvendor networks: Resource diversification, flexibility, sharing, and hedging. *Management Science*, 53, 1269 – 1288.

34. Van Mieghem, J. A. （2012）. Risk management and operational hedging: An overview. In P. Kouvelis, L. Dong, O. Boyabatli, & R. Li（Eds. ）, *Handbook of integrated risk management in global supply chains*（pp. 13 – 49）. New York: Wiley.

35. Van Mieghem, J. A. , & Dada, M. （1999）. Price versus production postponement: Capacity and competition. *Management Science*, 45, 1631 – 1649.

36. Vickery, S. , Calantone, R. , & Dröge, C. (1999) . Supply chain flexibility: An empirical study. *Journal of Supply Chain Management*, 35, 16 – 24.

37. Wang, Y. , Gilland, W. , & Tomlin, B. (2010) . Mitigating supply risk: Dual sourcing or process improvement? *Manufacturing & Service Operations Management*, 12, 489 – 510.

38. Yang, Z. , Aydin, G. , Babich, V. , & Beil, D. (2009) . Supply disruptions, asymmetric information, and a backup production option. *Management Science*, 55, 192 – 209.

39. Zsidisin, G. A. (2005) . Approaches for managing price volatility. In *5th International Research Seminar on Risk and the Supply Chain*. Centre for Logistics and Supply Chain Management, School of Management, Cranfield University, 12th September 2005.

Chapter 4

1. Barney, J. B. (1991) . Firm resources and sustained competitive advantage. *Journal of Management*, 17, 99 – 121.

2. Carter, J. R. , & Vickery, S. K. (1988) . Managing volatile exchange rates in international purchasing. *Journal of Purchasing Materials Management*, 24, 13 – 20.

3. Chapman, R. J. (2006) . *Simple tools and techniques for enterprise risk management.* New Jersey: Wiley.

4. Chowdhry, B. , & Howe, J. T. B. (1999) . Corporate risk management for multinational corporations: Financial and operational hedging policies. *European Finance Review*, 2, 229 – 246.

5. Cohen, M. A. , & Kunreuther, H. (2007) . Operations risk management: Overview of Paul Kleindorfer's contributions. *Production and Operations Management*, 16, 525 – 541.

6. Ding, Q. , Dong, L. , & Kouvelis, P. (2007) . On the integration of production and financial hedging decisions in global markets. *Operations Research*, 55, 470 – 489.

7. Ghoshal, S. , & Nohria, N. (1993) . Horses for courses: Organizational

forms for multinational corporations. *Sloan Management Review*, 34, 23 – 35.

8. Kleindorfer, P. R. , & Saad, G. H. （2005）. Managing disruption risks in supply chain. *Production and Operations Management*, 14, 53 – 68.

9. Kogut, B. , & Kulatilaka, N. （1994）. Operating flexibility, global manufacturing, and the option value of a multinational network. *Management Science*, 40, 123 – 139.

10. Kogut, B. , & Zander, U. （1993）. Knowledge of the firm and the evolutionary theory of the multinational enterprise. *Journal of International Business Studies*, 24, 625 – 645.

11. Kouvelis, P. （1999）. Global sourcing strategies under exchange rate uncertainty. In S. Tayur, R. Ganeshan, & M. Magazine （Eds. ）, *Quantitative models for supply chain management* （pp. 625 – 668）. Dordrecht: Kluwer Academic Publishers.

12. Lessard, D. R. , & Zaheer, S. （1996）. Breaking the silos: Distributed knowledge and strategic responses to volatile exchange rates. *Strategic Management Journal*, 17, 513 – 533.

13. Martinez, J. I. , & Jarillo, J. C. （1989）. The evolution of research on coordination mechanisms in multinational corporations. *Journal of International Business Studies*, 20, 489 – 514.

14. Miller, K. （1992）. A framework for integrated risk management in international business. *Journal of International Business Studies*, 23, 311 – 331.

15. Nawrocki, D. （1999）. A brief history of downside risk measures. *Journal of Investing*, 8 （3）, 9 – 26.

16. Otley, D. （1999）. Performance management: A framework for management control system design. *Management Accounting Research*, 10, 363 – 382.

17. Porter, M. E. （1985）. *Competitive advantage: Creating and sustaining superior performance.* New York: The Free Press.

18. Rai, A. , Patnayakuni, R. , & Seth, N. （2006）. Firm performance impacts of digitally enabled supply chain integration capabilities. *MIS Quarterly*, 30, 225 – 246.

19. Schmieder – Ramirez, J. , & Mallette, L. （2015）. Using the SPELIT analysis technique for organizational transitions. In M. Carmo （Eds. ）, *Education ap-*

plications and developments (pp. 291 – 300) . Science Press.

20. Shapiro, A. (2002) . International Financial Management. London: John Wiley & Sons.

21. Simchi – Levi, D. , Kaminsky, P. , & Simchi – Levi, E. (2003) . *Designing and managing the supply chain.* New York: McGraw – Hill/Irwin.

22. Sodhi, M. , & Tang, C. (2012) . Tactical approaches for mitigating supply chain risks: Financial and operational hedging. In M. Sodhi & C. Tang (Eds.) *Managing supply chain risk* (pp. 109 – 133) . Berlin: Springer.

23. Stulz, R. (1996) . Rethinking risk management. *Journal of Applied Corporate Finance*, 9, 8 – 25.

24. The Committee of Sponsoring Organizations of the Treadway Commission [COSO] . (2004) . Enterprise risk management integrated framework executive summary, September 2004.

25. Van Mieghem, J. A. (2003) . Capacity management, investment and hedging: Review and recent developments. *Manufacturing & Service Operations Management*, 5, 269 – 302.

26. Van Mieghem, J. A. (2012) . Risk management and operational hedging: An overview. In P. Kouvelis, L. Dong, O. Boyabatli, & R. Li (Eds.), *Handbook of integrated risk management in global supply chains* (pp. 13 – 49) . New York: Wiley.

27. Van Mieghem, J. A. , & Dada, M. (1999) . Price versus production postponement: Capacity and competition. *Management Science*, 45, 1631 – 1649.

28. Wernerfelt, B. (1984) . A resource – based view of the firm. *Strategic Management Journal*, 5, 171 – 180.

Chapter 5

1. Aabo, T. , & Simkins, B. J. (2005) . Interaction between real options and financial hedging: Fact or fiction in managerial decision – making. *Review of Financial Economics*, 14, 353 – 369.

2. Acerbi, C. , & Tasche, D. (2002) . On the coherence of expected shortfall. *Journal of Banking and Finance*, 26, 1487 – 1503.

3. Artzner, P. , Delbaen, F. , Eber, J. , & Heath, D. (1999) . Coherent

measures of risk. *Mathematical Finance*, 9, 203 – 228.

4. Chen, X., Sim, M., Simchi – Levi, D., & Sun, P. (2007). Risk aversion in inventory management. *Operations Research*, 55, 828 – 842.

5. Chen, A., Fabozzi, F., & Huang, D. (2012). Portfolio revision under mean – variance and mean – CVaR with transaction costs. *Review of Quantitative Finance and Accounting*, 39, 509 – 526.

6. Chen, L., Li, S., & Wang, L. (2014). Capacity planning with financial and operational hedging in low – cost countries. *Production and Operations Management*, 23, 1495 – 1510.

7. Choi, S., Ruszczyński, A., & Zhao, Y. (2011). A multiproduct risk – averse newsvendor with law – invariant coherent measures of risk. *Operations Research*, 59, 346 – 364.

8. Chowdhry, B., & Howe, J. T. B. (1999). Corporate risk management for multinational corporations: Financial and operational hedging policies. *European Finance Review*, 2, 229 – 246.

9. Cohen, M., & Lee, H. (2015). Global supply chain benchmark study: An analysis of sourcing and re – structuring decisions. *Supply Chain Navigator*.

10. Daimler. (2014). *Mercedes – benz cars at a glance*. Edition 2014.

11. Daimler. (2016). *Daimler annual report 2015*.

12. de Grauwe, P. (1988). Exchange rate variability and the slowdown in the growth of international trade. *IMF Staff Papers*, 35, 63 – 84.

13. de Treville, S., & Trigeorgis, L. (2010). It may be cheaper to manufacture at home. *Harvard Business Review*. 84 – 87.

14. Ding, Q., Dong, L., & Kouvelis, P. (2007). On the integration of production and financial hedging decisions in global markets. *Operations Research*, 55, 470 – 489.

15. European Commission. (2009). *The economics of climate change adaptation in EU coastal areas. Country report Germany*.

16. Financial Times. (2016). *Robot advances help Adidas retrace footsteps*. June 9, 2016.

17. Ford. (2016). *Delivering profitable growth for all*. Ford motor company 2015 annual report.

18. Froot, K. A. , Scharfstein, D. S. , & Stein, J. C. (1993) . Risk management: Coordinating corporate investment and financing policies. *Journal of Finance*, 48, 1629 – 1658.

19. Gamba, A. , & Triantis, A. J. (2014) . Corporate risk management: Integrating liquidity, hedging, and operating policies. *Management Science*, 60, 246 – 264.

20. GM. (2016) . General motors company 2015 annual report.

21. Gotoh, J. , & Takano, Y. (2007) . Newsvendor solutions via conditional – value – at – risk minimization. *European Journal of Operational Research*, 179, 80 – 96.

22. Hommel, U. (2003) . Financial versus operative hedging of currency risk. *Global Finance Journal*, 14, 1 – 18.

23. Huchzermeier, A. , & Cohen, M. A. (1996) . Valuing operational flexibility under exchange rate risk. *Operations Research*, 44, 100 – 113.

24. Iyengar, G. , & Ma, A. K. C. (2013) . Fast gradient descent method for mean – CVaR optimization. *Annals of Operations Research*, 205, 203 – 212.

25. Kazaz, B. , Dada, M. , & Moskowitz, H. (2005) . Global production planning under exchange – rate uncertainty. *Management Science*, 51, 1101 – 1119.

26. Kim, Y. S. , Mathur, I. , & Nam, J. (2006) . Is operational hedging a substitute for or a complement to financial hedging? *Journal of Corporate Finance*, 12, 834 – 853.

27. Kogut, B. , & Kulatilaka, N. (1994) . Operating flexibility, global manufacturing, and the option value of a multinational network. *Management Science*, 40, 123 – 139.

28. Krokhmal, P. , Palmquist, J. , & Uryasev, S. (2002) . Portfolio optimization with conditional value – at – risk objective and constraints. *Journal of Risk*, 4, 43 – 68.

29. Mello, A. S. , Parsons, J. E. , & Triantis, A. J. (1995) . An integrated model of multinational flexibility and financial hedging. *Journal of International Economics*, 39, 27 – 51.

30. Rockafellar, R. T. , & Uryasev, S. (2000) . Optimization of conditional value – at – risk. *Journal of Risk*, 2, 21 – 41.

31. Rockafellar, R. T. , & Uryasev, S. (2002) . Conditional value – at – risk for general loss distributions. *Journal of Banking and Finance*, 26, 1443 – 1471.

32. Sarykalin, S., Serraino, G., & Uryasev, S. (2008). VaR vs. CVaR in risk management and optimization. *Tutorials in Operations Research INFORMS*, 2008, 270 - 294.

33. Sauter, M. B., & Stebbins, S. (2016). Manufacturers bringing the most jobs back to America. 24/7 Wall St. April 19, 2016.

34. Selko, A. (2016). Companies bringing manufacturing jobs back to US. *Industry Week*. August 25, 2016.

35. Smith, C. W., & Stulz, R. M. (1985). The determinants of firms' hedging policies. *Journal of Financial and Quantitative Analysis*, 20, 391 - 405.

36. The Economist. (2009). Managing supply - chain risk for reward. *The Economist Intelligence Unit.*

37. The Economist. (2012). Floods in Beijing: Under water and under fire. July 24, 2012.

38. Dada, M., Petruzzi, N. C., & Schwarz, L. B. (2007). A newsvendor's procurement problem when suppliers are unreliable. *Manufacturing and Service Operations Management*, 9, 9 - 32.

39. Tomlin, B. (2006). On the value of mitigation and contingency strategies for managing supply chain disruption risks. *Management Science*, 52, 639 - 657.

40. Tomlin, B., & Wang, Y. (2005). On the value of mix flexibility and dual sourcing in unreliable newsvendor networks. *Manufacturing and Service Operations Management*, 7, 37 - 57.

41. Van Mieghem, J. A. (2003). Capacity management, investment and hedging: Review and recent developments. *Manufacturing and Service Operations Management*, 5, 269 - 302.

42. Van Mieghem, J. A., & Dada, M. (1999). Price versus production postponement: Capacity and competition. *Management Science*, 45, 1631 - 1649.

Chapter 6

1. Antonopoulus, A. M. (2015). *Mastering Bitcoin: Unlocking digital cryptocurrencies* (1st ed.). Sebastopol: O'ly Media.

2. Blackman, I. D., Holland, C. P., & Westcott, T. (2013). Motorola's

global financial supply chain strategy. *Supply Chain Management：An International Journal*, 18, 132 – 147.

3. Caniato, F., Gelsomino, L. M., Perego, A., & Ronchi, S. (2016). Does finance solve the supply chain financing problem? Supply Chain Management：*An International Journal*, 21, 534 – 549.

4. Dahiya, S. (2012). *Working capital simulation：Managing growth*. Harvard Business School Case.

5. Euro Banking Association [EBA]. (2014). Supply chain finance—*EBA European market guide*.

6. Ernst & Young [EY]. (2017). *EY FinTech adoption index* 2017：*The rapid emergence of FinTech*.

7. Gelsomino, L. M., Mangiaracina, R., Perego, A., & Tumino, A. (2016). Supply chain finance：A literature review. *International Journal of Physical Distribution & Logistics Management*, 46, 348 – 366.

8. Giannetti, M., Burkart, M., & Ellingsen, T. (2011). What you sell is what you lend? Explaining trade credit contracts. *The Review of Financial Studies*, 24, 1261 – 1298.

9. Hofmann, E. (2005). Supply Chain Finance：Some conceptual insights. In Rainer Lasch &Christian G. Janker (Eds.), *Logistik management—Innovative logistikkonzepte* (pp. 203 – 214). Wiesbaden：Deutscher Universitätsverlag.

10. Hofmann, E. (2009). Inventory financing in supply chains：A logistics service provider – approach. *International Journal of Physical Distribution & Logistics Management*, 39, 716 – 740.

11. Hofmann, E. (2011). Natural hedging as a risk prophylaxis and supplier financing instrument in automotive supply chains. *Supply Chain Management：An International Journal*, 16, 128 – 141.

12. Hofmann, E., & Belin, O. (2011). *Supply chain finance solutions*. Springer briefs in business Berlin：Springer.

13. Iacono U. D., Reindorp M., & Dellaert N. (2014). Market adoption of reverse factoring. *International Journal of Physical Distribution & Logistics Management*, 45, 286 – 308.

14. Klapper, L. (2006). The role of factoring for financing small and medium

enterprises. *Journal of Banking Finance*, 30, 3111 – 3130.

15. Lekkakos, S. D., & Serrano, A. (2016). Supply chain finance for small and medium sized enterprises: The case of reverse factoring. *International Journal of Physical Distribution &Logistics Management*, 46, 367 – 392.

16. Liebl, J., Hartmann, E., & Feisel, E. (2016). Reverse factoring in the supply chain: Objectives, antecedents and implementation barriers. *International Journal of Physical Distribution &Logistics Management*, 46, 393 – 413.

17. Navas – Alemán, L., Pietrobelli, C., & Kamiya, M. (2012). *Inter – firm linkages and finance in value chains.* Working paper, Inter – American Development Bank.

18. Pfohl, H. – C., & Gomm, M. (2009). Supply chain finance – Optimizing financial flows in supply chains. *Logistics Research*, 1, 149 – 161.

19. Rajan, R. G., & Zingales L. (1998). Financial dependence and growth. American *Economic Review*, 88, 559 – 586.

20. Schilling, G. (1996). Working capital's role in maintaining corporate liquidity. *TMA Journal*, 16, 4 – 7.

21. Steeman, M. (2014). The power of supply chain finance: How companies can apply collaborative finance models in their supply chain to mitigate risks and reduce costs. Windesheim University of Applied Sciences.

22. Templar, S., Findlay, C., Hofmann, E. (2016). *Financing the end – to – end supply chain: A reference guide to supply chain finance.* KoganPage.

23. Wandfluh, M., Hofmann, E., & Schoensleben, P. (2015). Financing buyer – supplier dyads: an empirical analysis on financial collaboration in the supply chain. *International Journal of Logistics Research and Applications*, 19, 1 – 16.

24. Wuttke, D. A., Blome, C., Foerstl, K., & Henke, M. (2013a). Managing the innovation adoption of supply chain finance—Empirical evidence from six European case studies. *Journal of Business Logistics*, 34, 148 – 166.

25. Wuttke, D. A., Blome, C., Heese, H. S., & Protopappa – Sieke, M. (2016). Supply chain finance: Optimal introduction and adoption decisions. *International Journal of Production Economics*, 178, 72 – 81.

26. Wuttke, D. A., Blome, C., & Henke, M. (2013b). Focusing the financial flow of supply chains: An empirical investigation of financial supply chain man-

agement. *International Journal of Production Economics*, 145, 773 – 789.

Chapter 7

1. Babich, V. (2010). Independence of capacity ordering and financial subsidies to risky suppliers. *Manufacturing & Service Operations Management*, 12, 583 – 607.

2. Brennan, M., Maksimovic, V., & Zechner, J. (1988). Vendor financing. *Journal of Finance*, 43, 1127 – 1141.

3. Cai, G., Chen, X., & Xiao, Z. (2014). The roles of bank and trade credits: Theoretical analysis and empirical evidence. Production and Operations Management, 23, 583 – 593.

4. Chauffour, J. P., & Malouche, M. (2011). *Trade finance during the great trade collapse*. Washington, D. C.: World Bank.

5. Farris, M. T., Ⅱ, & Hutchison, P. D. (2002). Cash – to – cash: The new supply chain management metric. *Journal of Physical DistriBUtion & Logistics Management*, 32, 288 – 298.

6. Gamba, A., & Triantis, A. J. (2014). Corporate risk management: Integrating liquidity, hedging, and operating policies. *Management Science*, 60, 246 – 264.

7. Gold, M., & Jacobs, G. (2007). Analysis of the potential for development of SME buyer – backed purchase order financing products. United States Agency for International Development. URL: http://pdf. usaid. gov/pdf _ docs/ Pnadm257. pdf Retrieved on September 24, 2013.

8. Hortaçsu, A., Matvos, G., Shin, C., Syverson, C., & Venkataraman, S. (2011). Is an automaker's road to bankruptcy paved with customers' beliefs? *American Economic Review: Papers of Proceedings*, 101, 93 – 97.

9. Jing, B., Chen, X., & Cai, G. (2012). Equilibrium financing in a distribution channel with capital constraint. *Production and Operations Management*, 21, 1090 – 1101.

10. Klapper, L. (2006). The role of factoring for financing small and medium enterprises. *Journal of Banking Finance*, 30, 3111 – 3130.

11. Kouvelis, P. , & Zhao, W. （2012）. Financing the newsvendor: Supplier vs. bank, and the structure of optimal trade credit contracts. *Operations Research*, 60, 566 – 580.

12. Lariviere, M. A. , & Porteus, E. L. （2001）. Selling to the newsvendor: An analysis of price – only contracts. *Manufacturing & Service Operations Management*, 3, 293 – 305.

13. Leland, H. E. （1994）. Corporate debt value, bond covenants, and optimal capital structure. *Journal of Finance*, 49, 1213 – 1252.

14. Marr, K. （2009）. Auto suppliers seek help in wake of Chrysler, GM woes. *Washington Post*. May 14, 2009. URL: http://www. washingtonpost. com/wp – dyn/content/article/2009/05/13/AR200 9051303382. html. Retrieved on October 10, 2013.

15. Martin, A. （2010）. The places they go when banks say no. *The New York Times*. January 30, 2010. URL: http://www. nytimes. com/2010/01/31/business/smallbusiness/31order. html. Retrieved on December 7, 2013.

16. Navas – Alemán, L. , Pietrobelli, C. , & Kamiya, M. （2012）. *Inter – firm linkages and finance in value chains*. Working paper, Inter – American Development Bank.

17. Nussel, P. , & Sherefkin, R. （2008）. Plastech bankruptcy could shut all of Chrysler. Automotive News. URL: http://www. autonews. com/apps/pbcs. dll/article? AID =/20080204/OEM/302049890. Retrieved on October 2, 2013.

18. PurchaseOrderFinancing. com. （2016）. PO financing rates made affordable. *Informative Reactions*, July 16, 2016. URL: http://dustyannex298. wikidot. com/blog: 7. Retrieved on November 24, 2016.

19. Sodhi, M. , & Tang, C. （2012）. Tactical approaches for mitigating supply chain risks: Financial and operational hedging. In M. Sodhi & C. Tang（Eds. ）, *Managing supply chain risk*（pp. 109 – 133）. Berlin: Springer.

20. Spengler, J. （1950）. Vertical integration and antitrust policy. *Journal of Political Economy*, 58, 347 – 352.

21. Tice, C. （2010）. Can a purchase order loan keep your business growing? June 17, 2010. URL: http://www. entrepreneur. com/article/207058. Retrieved on December 8, 2013.

22. United States Agency for International Development [USAID] . (2011a). Case studies in buyer – backed purchase order financing. Crimson Capital Corp.

23. United States Agency for International Development [USAID] . (2011b). Launching buyer – backed purchase order financing in east Africa. Crimson Capital Corp.

24. Yang, S. A. , Birge, J. R. , & Parker, R. P. (2015) . The supply chain effects of bankruptcy. *Management of Science*, 61, 2320 – 2338.

Chapter 8

1. Aabo, T. , & Simkins, B. J. (2005). Interaction between real options and financial hedging: Fact or fiction in managerial decision – making. *Review Financial Economics*, 14, 353 – 369.

2. Alan, Y. , Gao, G. P. , & Gaur, V. (2014). Does inventory productivity predict future stock returns? A retailing industry perspective. *Management Science*, 60, 2416 – 2434.

3. Allayannis, G. , Ihrig, J. , & Weston, J. P. (2001). Exchange – rate hedging: Financial vs. Operational strategies. *American Economic Review*, 91, 391 – 395.

4. Babich, V. (2010). Independence of capacity ordering and financial subsidies to risky suppliers. *Manufacturing & Service Operations Management*, 12, 583 – 607.

5. Babich, V. , & Kouvelis, P. (2015). Call for papers—Special issue of manufacturing & service operations management: Interface of finance, operations, and risk management. *Manufacturing & Service Operations Management*, 17, 271.

6. Babich, V. , & Sobel, M. J. (2004). Pre – IPO operational and financial decisions. *Management Science*, 50, 935 – 948.

7. Babich, V. , & Tang, C. S. (2012). Managing opportunistic supplier product adulteration: Deferred payments, inspection, and combined mechanisms. *Manufacturing & Service Operations Management*, 14, 301 – 314.

8. Bandaly, D. , Satir, A. , Kahyaoglu, Y. , & Shanker, L. (2012). Supply chain risk management. I: Conceptualization, framework and planning process. *Risk*

Management, 14, 249 – 271.

9. Bandaly, D. , Satir, A. , Kahyaoglu, Y. , & Shanker, L. (2013). Supply chain risk management. II: A review of operational, financial and integrated approaches. *Risk Management*, 15, 1 – 31.

10. Birge, J. R. (2015). OM Forum—Operations and finance interactions. *Manufacturing & Service Operations Management*, 17, 4 – 15.

11. Birge, J. , Kouvelis, P. , & Seppi, D. (2007). Call for papers: Special Issue of Management Science Interfaces of Operations and Finance.

12. Boyabatli, O. , Leng, T. , & Toktay, L. B. (2016). The impact of budget constraints on flexible versus dedicated technology choice. *Management Science*, 62, 225 – 244.

13. Boyabatli, O. , & Toktay, L. B. (2011). Stochastic capacity investment and flexible vs. Dedicated technology choice capacity investment in imperfect capital markets. *Management Science*, 57, 2163 – 2179.

14. Brennan, M. , Maksimovic, V. , & Zechner, J. (1988). Vendor financing. *The Journal of Finance*, 43, 1127 – 1141.

15. Brin, S. , & Page, L. (1998). The anatomy of a large – scale hypertextual Web search engine. *Computer Networks ISDN Systems*, 30, 107 – 117.

16. Buzacott, J. , & Zhang, R. (2004). Inventory management with asset – based financing. *Management Science*, 50, 1274 – 1292.

17. Cai, G. , Chen, X. , & Xiao, Z. (2014). The roles of bank and trade credits: Theoretical analysis and empirical evidence. *Production and Operations Management*, 23, 583 – 593.

18. Caldentey, R. , & Haugh, M. (2006). Optimal control and hedging of operations in the presence of financial markets. *Mathematical Operations Research*, 31, 285 – 304.

19. Caldentey, R. , & Haugh, M. (2009). Supply contracts with financial hedging. *Operations Research*, 57, 47 – 65.

20. Carter, D. A. , Pantzalis, C. , & Simkins, B. J. (2006). Does hedging affect firm value? Evidence from the US airline industry. *Financial Management*, 35, 53 – 86.

21. Chang, C. T. , Teng, J. T. , & Goyal, S. K. (2008). Inventory lot – size

models under trade credits: A review. *Asia – Pacific Journal of Operational Research*, 25, 89 – 112.

22. Chen, L., Li, S., & Wang, L. (2014). Capacity planning with financial and operational hedging in low – cost countries. Production of *Operations Management*, 23, 1495 – 1510.

23. Chen, P., Xie, H., Maslov, S., & Redner, S. (2007a). Finding scientific gems with Google's PageRank algorithm. *Journal of Informetrics*, 1, 8 – 15.

24. Chod, J., Rudi, N., & Van Mieghem, J. A. (2010). Operational flexibility and financial hedging: Complements or substitutes? *Management Science*, 56, 1030 – 1045.

25. Chod, J., & Zhou, J. (2014). Resource flexibility and capital structure. *Management Science*, 60, 708 – 729.

26. Choi, T. – M., Cheng, T. C. E., & Zhao, X. (2016). Multi – methodological research in operations management. *Production and Operations Management*, 25, 379 – 389.

27. Chowdhry, B., & Howe, J. T. B. (1999). Corporate risk management for multinational corporations: Financial and operational hedging policies. *European Finance Review*, 2, 229 – 246.

28. Cronin, B., & Ding, Y. (2011). Popular and/or prestigious? Measures of scholarly esteem. *Information Processing Management*, 47, 80 – 96.

29. Dada, M., & Hu, Q. (2008). Financing newsvendor inventory. *Operations Research Letters*, 36, 559 – 573.

30. Ding, Q., Dong, L., & Kouvelis, P. (2007). On the integration of production and financial hedging decisions in global markets. *Operations Research*, 55, 470 – 489.

31. Ding, Y., Yan, E., Frazho, A., & Caverlee, J. (2009). PageRank for ranking authors in co – citation networks. *Journal of the American Social Information Science and Technology*, 60, 2229 – 2243.

32. Fahimnia, B., Tang, C. S., Davarzani, H., & Sarkis, J. (2015). Quantitative models for managing supply chain risks: A review. *European Journal of Operational Research*, 247, 1 – 15.

33. Farris, M. T., II, & Hutchison, P. D. (2002). Cash – to – cash: The

new supply chain management metric. *International Journal of Physical Distribution & Logistics Management*, 32, 288 – 298.

34. Fisman, R., & Love, I. (2003). Trade credit, financial intermediary development and industry growth. *The Journal of Finance*, 58, 353 – 374.

35. Froot, K. A., Scharfstein, D. S., & Stein, J. C. (1993). Risk management: Coordinating corporate investment and financing policies. *The Journal of Finance*, 48, 1629 – 1658.

36. Fullerton, R., McWatters, C., & Fawson, C. (2003). An examination of the relationships between JIT and financial performance. *Journal of Operations Management*, 21, 383 – 404.

37. Gamba, A., & Triantis, A. J. (2014). Corporate risk management: Integrating liquidity, hedging, and operating policies. *Management Science*, 60, 246 – 264.

38. Gaur, V., & Seshadri, S. (2005). Hedging inventory risk through market instruments. *Manufacturing & Service Operations Management*, 7, 103 – 120.

39. Gelsomino, L. M., Mangiaracina, R., Perego, A., & Tumino, A. (2016). Supply chain finance: A literature review. *International Journal of Physical Distribution & Logistics Management*, 46, 348 – 366.

40. Grosse – Ruyken, P. T., Wagner, S. M., & Jöonke, R. (2011). What is the right cash conversion cycle for your supply chain? *International Journal of Services and Operations Management*, 10, 13 – 29.

41. Guillen, G., Badell, M., & Puigjaner, L. (2007). A holistic framework for short – term supply chain management integrating production and corporate financial planning. *International Journal of Production Economics*, 106, 288 – 306.

42. Gupta, S., & Dutta, K. (2011). Modeling of financial supply chain. *European Journal of Operational Research*, 211, 47 – 56.

43. Hankins, K. W. (2011). How do financial firms manage risk? Unraveling the interaction of financial and operational hedging. *Management Science*, 57, 2197 – 2212.

44. Hendricks, K. B., & Singhal, V. R. (2003). The effect of supply chain glitches on shareholder wealth. *Journal of Operations Management*, 21, 501 – 523.

45. Hendricks, K. B., & Singhal, V. R. (2005). An empirical analysis of the effect of supply chain disruptions on long – run stock price and equity risk of the

firm. Production and Operations Management, 14, 35 – 52.

46. Hofmann, E. (2005) Supply chain finance: Some conceptual insights. In R. Lasch & C. G. Janker (Eds.), *Logistik management—Innovative Logistikkonzepte* (pp. 203 – 214). Wiesbaden: Deutscher Universitatsverlag.

47. Hofmann, E., & Kotzab, H. (2010). A supply chain – oriented approach of working capital management. *Journal of Business Logistics*, 31, 305 – 330.

48. Hommel, U. (2003) Financial versus operative hedging of currency risk. *Global Finance Journal*, 14, 1 – 18.

49. Houston, J. F., Lin, C., & Zhu, Z. (2016). The financial implications of supply chain changes. *Management Science*, 62, 2520 – 2542.

50. Huang, Y. F., & Hsu, K. H. (2008). An EOQ model under retailer partial trade credit policy in supply chain. *International Journal of Production Economics*, 112, 655 – 664.

51. Huchzermeier, A., & Cohen, M. A. (1996). Valuing operational flexibility under exchange rate risk. *Operations Research*, 44, 100 – 113.

52. Huo, B., Han, Z., Zhao, X., Zhou, H., Wood, C. H., & Zhai, X. (2013). The impact of institutional pressures on supplier integration and financial performance: evidence from China. *International Journal of Production Economics*, 146, 82 – 94.

53. Iacono, U. D., Reindorp, M., & Dellaert, N. (2015). Market adoption of reverse factoring. *International Journal Physical Distribution & Logistics Management*, 45, 286 – 308.

54. Kazaz, B., Dada, M., & Moskowitz, H. (2005). Global production planning under exchange – rate uncertainty. *Management Science*, 51, 1101 – 1119.

55. Kim, Y., Mathur, I., & Nam, J. (2006). Is operational hedging a substitute for or a complement to financial hedging? *Journal of Corporate Finance*, 12, 834 – 853.

56. Klapper, L. (2006). The role of factoring for financing small and medium enterprises. *Journal of Banking & Finance*, 30, 3111 – 3130.

57. Koberstein, A., Lukas, E., & Naumann, M. (2013). Integrated strategic planning of global production networks and financial hedging under uncertain demand and exchange rates. *Business Research*, 6, 215 – 240.

58. Kogut, B. , & Kulatilaka, N. （1994）. Operating flexibility, global manufacturing, and the option value of a multinational network. *Management Science*, 40, 123 – 139.

59. Kouvelis, P. , Dong, L. , Boyabatli, O. , & Li, R. （2012）. Integrated risk management: A conceptual framework with research overview and applications in practice. P. Kouvelis, L. Dong, O. Boyabatli & R. Li （Eds. ）, *Handbook of integrated risk management in global supply chains* （pp. 3 – 12）. New York: Wiley.

60. Kouvelis, P. , Li, R. , & Qing, D. （2013）. Managing storable commodity risks: The role of inventories and financial hedge. *Manufacturing & Service Operations Management*, 15, 507 – 521.

61. Kouvelis, P. , & Zhao, W. （2012）. Financing the newsvendor: Supplier vs. bank, and the structure of optimal trade credit contracts. *Operations Research*, 60, 566 – 580.

62. Kouvelis, P. , & Zhao, W. （2016）. Supply chain contract design under financial constraints and bankruptcy costs. *Management Science*, 62, 2341 – 2357.

63. Lanier, D. , Jr. , Wempe, W. F. , & Zacharia, Z. G. （2010）. Concentrated supply chain membership and financial performance: Chain – and firm – level perspectives. *Journal of Operations Management*, 28, 1 – 16.

64. Lee, C. H. , & Rhee, B. D. （2010）. Coordination contracts in the presence of positive inventory financing costs. *International Journal of Production Economics*, 124, 331 – 339.

65. Longinidis, P. , & Georgiadis, M. C. （2011）. Integration of financial statement analysis in the optimal design of supply chain networks under demand uncertainty. *International Journal of Production Economics*, 129, 262 – 276.

66. Longinidis, P. , & Georgiadis, M. C. （2014）. Integration of sale and leaseback in the optimal design of supply chain networks. *Omega*, 47, 73 – 89.

67. Mello, A. S. , Parsons, J. E. , & Triantis, A. J. （1995）. An integrated model of multinational flexibility and financial hedging. *Journal of International Economics*, 39, 27 – 52.

68. Meulbroek, L. （2002）. The promise and challenge of integrated risk management. *Risk Management and Insurance Review*, 5, 55 – 66.

69. Miller, K. （1992）. A framework for integrated risk management in inter-

national business. *Journal of International Business Studies*, 23, 311 – 331.

70. Modigliani, F. , & Miller, M. (1958). The cost of capital, corporation finance, and the theory of investment. *The American Economic Review*, 48, 261 – 297.

71. Myers, S. C. (1984). The capital structure puzzle. *The Journal of Finance*, 39, 575 – 592.

72. Park, J. H. , Kazaz, B. , & Webster, S. (2017). Risk mitigation of production hedging. *Production and Operations Management*, 26, 1299 – 1314.

73. Pfohl, H. – C. , & Gomm, M. (2009). Supply chain finance—Optimizing financial flows in supply chains. *Logistics Research*, 1, 149 – 161.

74. Protopappa – Sieke, M. , & Seifert, R. W. (2010). Interrelating operational and financial performance measurements in inventory control. *European Journal of Operational Research*, 204, 439 – 448.

75. Raghavan, N. S. , & Mishra, V. K. (2011). Short – term financing in a cash – constrained supply chain. *International Journal of Production Economics*, 134, 407 – 412.

76. Randall, W. , & Farris, M. , Ⅱ. (2009). Supply chain financing: Using cash – to – cash variables to strengthen the supply chain. *International Journal of Physical Distribution & Logistics Management*, 39, 669 – 689.

77. Secomandi, N. (2010a). Optimal commodity trading with a capacitated storage asset. *Management Science*, 56, 449 – 467.

78. Secomandi, N. (2010b). On the pricing of natural gas pipeline capacity. *Manufacturing & Service Operations Management*, 12, 393 – 408.

79. Secomandi, N. , & Wang, M. X. (2012). A computational approach to the real option management of network contracts for natural gas pipeline transport capacity. *Manufacturing & Service Operations Management*, 14, 441 – 454.

80. Seifert, D. , Seifert, R. W. , & Protopappa – Sieke, M. (2013). A review of trade credit literature: Opportunities for research in operations. *European Journal of Operational Research*, 231, 245 – 256.

81. Simchi – Levi. , D. (2014). OM research: From problem – driven to data – driven research. *Manufacturing & Service Operations Management*, 16, 2 – 10.

82. Tang, C. S. (2017). Identifying research topics in operations management. *Manufacturing & Service Operations Management*, 19, 338 – 346.

83. Tang, O. , & Musa, N. S. （2011）. Identifying risk issues and research advancements in supply chain risk management. *International Journal of Production Economics*, 133, 25 – 34.

84. Taylor, T. A. , & Xiao, W. （2014）. Subsidizing the distribution channel: Donor funding to improve the availability of malaria drugs. *Management Science*, 60, 2461 – 2477.

85. Triantis, A. J. （2000）. Corporate risk management: Real options and financial hedging. *Journal of Applied Corporate Finance*, 13, 64 – 73.

86. Trigeorgis, L. （1993）. Real options and interactions with financial flexibility. *Financial Management*, 22, 202 – 224.

87. Turcic, D. , Kouvelis, P. , & Bolandifar, E. （2015）. Hedging commodity procurement in a bilateral supply chain. *Manufacturing & Service Operations Management*, 17, 221 – 235.

88. Van Mieghem, J. A. （2007）. Risk mitigation in newsvendor networks: Resource diversification, flexibility, sharing, and hedging. *Management Science*, 53, 1269 – 1288.

89. Van Mieghem, J. A. （2012）. Risk management and operational hedging: An overview. P. Kouvelis, L. Dong, O. Boyabatli & R. Li（Eds. ）, *Handbook of integrated risk management in global supply chains*（pp. 13 – 49）. New York: Wiley.

90. Vickery, S. K. , Jayaram, J. , Droge, C. , & Calantone, R. （2003）. The effects of an integrative supply chain strategy on customer service and financial performance: An analysis of direct versus indirect relationships. *Journal of Operations Management*, 21, 523 – 539.

91. van der Vliet, K. , Reindorp, M. J. , & Fransoo, J. C. （2015）. The price of reverse factoring: Financing rates vs. payment delays. *European Journal of Operational Research*, 242, 842 – 853.

92. Wang, D. , Song, C. , & Barabasi, A. – L. （2013）. Quantifying long – term scientific impact. *Science*, 342, 127 – 132.

93. Wang, Y. , Gilland, W. , & Tomlin, B. （2010）. Mitigating supply risk: Dual sourcing or process improvement? *Manufacturing & Service Operations Management*, 12, 489 – 510.

94. Wuttke, D. A. , Blome, C. , Foerstl, K. , & Henke, M. （2013a）. Man-

aging the innovation adoption of supply chain finance—Empirical evidence from six European case studies. *Journal of Business Logistics*, 34, 148 – 166.

95. Wuttke, D. A. , Blome, C. , & Henke, M. (2013b). Focusing the financial flow of supply chains: An empirical investigation of financial supply chain management. *International Journal of Production Economics*, 145, 773 – 789.

96. Xiao, S. , Sethi, S. P. , Liu, M. , & Ma, S. (2017). Coordinating contracts for a financially constrained supply chain. *Omega*, 72, 71 – 86.

97. Zhao, L. , & Huchzermeier, A. (2015). Operations – finance interface models: A literature review and framework. *European Journal of Operational Research*, 244, 905 – 917.

本书未引用的参考文献

1. Blome, C. , & Schoenherr, T. (2011). Supply chain risk management in financial crises—a multiple case – study approach. *International Journal of Production Economics*, 134, 43 – 57.

2. Cachon, G. , & Terwiesch, C. (2011). *Matching supply with demand: An introduction to operations management.* McGraw – Hill/Irwin.

3. Carter, C. R. , & Rogers, D. S. (2008). A framework of sustainable supply chain management: Moving toward new theory. *International Journal of Physical Distribution & Logistics Management*, 38, 360 – 387.

4. Cohen, M. A. , & Huchzermeier, A. (1999). Global supply chain management: A survey of research and applications. S. Tayur, R. Ganeshan & M Magazine (Eds.), *Quantitative models for supply chain management.* Norwell, MA: Kluwer Academic Publishers.

5. Corsten, D. , & Saraf, B. (2008). *Nestle Russia LLC: Supplier finance programme.* Madrid: Instituto de Empressa business school case.

6. Cosh, A. , Cumming, D. , & Hughes, A. (2009). Outside entrepreneurial capital. *The Economic Journal*, 119, 1494 – 1533.

7. Cox, L. A. , Jr. (2008) What's wrong with risk matrices? *Risk Analysis*, 28, 497 – 512.

8. Dasu, S. , & Li, L. (1997). Optimal operating policies in the presence of exchange rate variability. *Management Science*, 43, 705 – 722.

9. Fullerton, R. , McWatters, C. , & Fawson, C. (2003b). An examination

of the relationships between JIT and financial performance. *Journal of Operations Management*, 21, 383 – 404.

10. Gupta, R. K. , Bhunia, A. K. , & Goyal, S. K. (2009). An application of Genetic Algorithm in solving an inventory model with advance payment and interval valued inventory costs. *Mathematical Computer Modelling*, 49, 893 – 905.

11. International Integrated Reporting Committee [IIRC] . (2011). Towards integrated reporting—Communicating value in the 21st century. International Integrated Reporting Committee.

12. Kouvelis, P. , & Zhao, W. (2016b). Supply chain contract design under financial constraints and bankruptcy costs. *Management Science*, 62, 2341 – 2357.

13. Lai, G. , Debo, L. G. , & Sycara, K. (2009). Sharing inventory risk in supply chain: The implication of financial constraint. *Omega*, 37, 811 – 825.

14. Lee, H. L. , Padmanabhan, V. , & Whang, S. (1997). Information distortion in a supply chain: The bullwhip effect. *Management Science*, 43, 546 – 558.

15. Lessard, D. , & Nohria, N. (1990). Rediscovering functions in the MNC: The role of expertise in firms' response to shifting exchange rates. In C. Bartlett, Y. Doz & G. Hedlund (Eds.), *Managing the global firm* (pp. 186 – 212). London: Routledge.

16. Lessard, D. R. , & Zaheer, S. (1996). Breaking the silos: Distributed knowledge and strategic responses to volatile exchange rates. *Strategic Management Journal*, 17, 513 – 533.

17. Mauer, D. C. , & Triantis, A. J. (1994). Interactions of corporate financing and investment decisions: A dynamic framework. *The Journal of Finance*, 49, 1253 – 1277.

18. Mello, A. S. , & Parsons, J. E. (2000). Hedging and liquidity. *The Review of Financial Studies*, 13, 127 – 153.

19. Rajan, R. G. , & Zingales, L. (1998). Financial dependence and growth. *American Economic Review*, 88, 559 – 586.

20. Ritchie, B. , & Brindley, C. (2007). An emergent framework for supply chain risk management and performance measurement. *Journal of the Operational Research Society*, 58, 1398 – 1411.

21. Sting, F. J., & Huchzermeier, A. (2012). Dual sourcing: Responsive hedging against correlated supply and demand uncertainty. *Naval Research Logistics*, 59, 69 – 89.

22. Tang, C. S., & Tomlin, B. (2008). The power of flexibility for mitigating supply chain risks. *International Journal of Production Economics*, 116, 12 – 27.

23. Tang. C. S., Wu, J., & Yang, S. A. (2017). Sourcing from suppliers with financial constraints and performance risk. *Manufacturing & Service Operations Management*, forthcoming.

24. Thangam, A. (2012). Optimal price discounting and lot – sizing policies for perishable items in a supply chain under advance payment scheme and two – echelon trade credits. *International Journal of Production Economics*, 139, 459 – 472.

25. Tripp, M. H., Haria, C. S., Hilary, N., Morgan, K., Orros, G. C., Perry, G. R., & Tahir – Thomson, K. (2008). *Enterprise risk management from the general insurance actuarial perspective.* Paper presented to the Institute of Actuaries.

26. Wandfluh, M., Hofmann, E., & Schoensleben, P. (2016). Financing buyer – supplier dyads: An empirical analysis on financial collaboration in the supply chain. *International Journal of Logistics Research and Applications*, 19, 1 – 16.

27. Zhao, L., & Huchzermeier, A. (2017). Integrated operational and financial hedging with capacity reshoring. *European Journal of Operational Research*, 260, 557 – 570.